JN162712

# リーダーの教養書

# 目次

装幀　トサカデザイン（戸倉 巌、小酒保子）
写真　iStock/markara
協力　宮本恵理子
小林有希
野村高文（NewsPicks編集部）
青葉亮（NewsPicks編集部）

# 序文　日米エリートの差は教養の差だ

ニューズピックス編集長　佐々木紀彦

なぜ日本のエリートは、米国のエリートに勝てないのか。なぜ日本のリーダーは、米国のリーダーに勝てないのか。過去10年ほど、私はその問いに向き合ってきた。

それに対する暫定的な答えは「教養の差」だ。両者には教養の量と質に圧倒的な差があるがゆえに、知や行動のスケール、実行における成功率に彼我の差が生まれているのである。

私がかくも教養に拘《こだわ》るのには理由がある。それは、2007年から2年間、スタンフォード大学大学院に留学した際に、自らの教養の脆《もろ》さを痛感させられたからだ。

私は学生時代には1000冊の本を読み、社会人になってからも、読書家を気取っていた。世界のどこに行っても、ある程度はたたかえるだろうと思っていた。しかし、それはとんだ勘違いだった。スタンフォードの一部のエリートたちの教養レベルは想像をはるかに超えていた。人文科学から、社会科学、そして自然科学まで、古今東西の知を縦横無尽に操る「知の怪物」が、教授陣にも、学生陣にもゴロゴロいたのだ。

そんな挫折感を味わう中で、ビジネスにしろ、政治にしろ、教育にしろ、日本をより豊かに、面白くするためには、「教養」がカギを握ると確信するようになった。

そもそも、教養とは何かというと、私は「普遍的な知恵」のことだと思う。歴史の風雪や、科学の洗礼をくぐり抜けてきた「時代や国を超えた知」こそが教養と言えるだろう。では、なぜそうした知を有することが大切なのかというと、クオリティの高いアイディアが次々と生まれやすくなるからだ。

## 「時代性×普遍性」という最強の掛け合わせ

日本の映画作品として、過去最高の世界興行収入を記録した『君の名は。』。この作品を筆頭に、勝率ほぼ100％でヒット作を生んできた、川村元気という映画プロデューサーがいる。彼がヒットコンテンツを生むための法則として掲げるのが「時代性×普遍性」という方程式だ。

彼は幼少期から大量に映画を鑑賞することにより「普遍性」を体に染み込ませてきた。それと同時に、鋭敏なセンスと徹底的なリサーチ、フィールドワークによって、時代性を嗅ぎ取っていく。川村さんは、恋愛、お金、死をテーマにした小説も書いているが、それは単なる想像から生まれたものではなく、膨大なインタビューや調査に基づいて創作されたものだ。

結局、何が言いたいかというと、業界にかぎらず、勝負に勝ち続けて、世の中をリードし、何か偉大なものを残せる人間は、「普遍的なもの」を自分の中に持っているということだ。「普遍」のストックを自分の中に多く備えていれば、それと時代性を掛け合わせることにより、無数のアイディアが湧いてくる。しかも、普遍に基づいたものは、人間の本質に根ざしているだけに、持続性と爆発力のあるアイディアであることが多い。

一方、「普遍」を持たない人間は、つねに「時代性」という名の「今」に振り回されてしまう。ビジネス書の乱読などはその最たるものだろう（もちろん、いいビジネス書もあるが）。ハウツーを記した、似たような内容のビジネス書を読み続けても、それは、一瞬の気晴らしになるだけで、あなたの「知の土壌」を豊かにはしない。

私には、今の多くの日本人ビジネスパーソンは、目の前の仕事や、短期的なＲＯＩを気にしすぎるがゆえに、「ジャンクフードとしての知」に頼りすぎていると思う。日本のスタートアップ業界が、どこか刹那的に感じるのは、深い意味での教養がないからだろう。いい目標を掲げている会社はあっても、心の底からワクワクするようなものではない。

世代や国や分野を超えたビジョンや理念を生むには、教養が不可欠だ。それがなければ、目の前の分かりやすい数字を追うだけか、先行者を真似して追いかけるだけに終わってしまう。社会を変えることもないまま、人生が終わってしまうのだ。

翻って、マイクロソフトのビル・ゲイツ、フェイスブックのマーク・ザッカーバーグ、アマゾンのジェフ・ベゾスといった米国のトップ起業家は、歴史、科学、文学に精通した教養人だ。ネットで検索すると、彼らが薦める書籍が見つかるが、どれも読みごたえがある。われわれはビジネスの前に、教養レベルにおいて、すでに米国の起業家たちに負けているのだ。

## 教養を高める無数のメリット

教養とは、短期的に、何か目に見える恩恵をもたらしてくれるものではない。ただし、中期的、長期的には、確実にあなたの人生を豊かにし、成功確率を上げてくれる。

豊かな教養を持つのは、頭の中に多くのブレーンを抱えているようなものだ。何か決断に悩んだときは、本を通じて「心の友人」となった賢人にバーチャルに相談すればいい。たとえあなたが一人でいても、世界屈指の「経営会議」を常に開くことができる。

例えば、私は、仕事のアイディアに行き詰まると、よく福澤諭吉の作品を読んだり、彼ならどんな行動をとっただろうかと思いを巡らせたりする。すると、よいアイディアが出てきたり、無性に勇気が湧いてきたりする。

他にも、シェークスピアの物語の展開を、ブランディングの企画に活かすこともできるだろうし、孫子やクラウゼヴィッツといった軍事戦略を、ビジネス・経営に応用することもできるだろうし、アリストテレス、キケロの弁論術の教えを、プレゼンの際に実践することもできるだろう。とくに日本では、堅い教養書を読み込んだ人が希少なだけに、教養書に親しめば、それだけで頭一つ抜け出すことができる。

教養を持つことにはほかにも無数のメリットがある。頭の中で、異分野をつなげやすくなるし、人の交流という点でも幅を広げることができる。教養がある人は話が面白いので、その周りに人が集まるのは世の常だ。そして、教養を育むのは、自分にとって何よりも楽しい。教養とは肩肘張ったものばかりではなく、人生最高のエンタメにもなりうるのだ。

本書では、教養人が知悉すべき分野を11選び、各分野で精力的に活動する人たちに、各分野の推薦本を選んでもらうことにした。進化生物学、コンピュータサイエンス、医学、数学といった理系科目から、歴史学、日本近現代史、哲学、宗教といった文系分野まで、これぞ教養書というラインナップが並んでいる。

最初は1冊からでいい。その努力をコツコツ続けていけば、10冊ぐらい読み終えたときには、あなたの知的筋力が劇的に高まっているはずだ。

対談

# なぜ教養が必要なのか?

出口治明　楠木 建

## 教養がなければ「奴隷」になる

**楠木**　リーダーになぜ教養は必要か、というテーマで対談の機会をいただきました。

まず、教養とは何かについて、僕なりの理解をお話しさせてください。「教養」という言葉は、例によって明治期に翻訳されて定着した日本語ですが、もともとは「リベラルアーツ」ですね。直訳すれば「自由の技術」。

「自由の技術」というのは「機械的な技術」と対になる概念ですね。何らかの目的があって、それを上手く達成する方法が機械的な技術。これに対して、教養は自由な市民として持つべきアート。技術というより「技芸」というイメージです。

僕にとって一番しっくりくる教養の定義は、人が他者に強制されず、自分自身でつくりあげていく独自の「価値基準」を持っているということです。

人はいろいろな物事に囲まれて生きているわけですが、その中で自分の価値基準に照らして初めて、その人なりの意見や考えが出てきます。自分が関わっている事象について、自分が自由に考えるための基盤となるもの、これが教養だという理解です。

「自由の技術」というぐらいですから、逆に、自由でない状態を考えると、教養の意味合いがはっきりすると思います。

自由ではない状態とは何かというと、あっさり言えば「奴隷の状態」ですね。自分以外の誰かによって決められた価値基準への従属を強制されている状態です。自分の頭で考え、自分の言葉でものを言えなくなってしまう状態が、「不自由」ということです。こういう状態から解放されて、自由になるために教養がある。教養があればあるほど、人間は快適かつ思い悩むことの少ない生活を送れるということですね。その意味で、教養というのはとても実践的で実用的なものだと考えています。

**出口**　おっしゃる通りで付け足すことはあまりないのですが、あえて言うならば教養は、自らの選択肢を増やしてくれるもの、あるいはワクワクして楽しいものだと言えるでしょうね。

まず、そもそも人間は何のために生きているのかと考えてみると、動物としては次の世代を育てるために生きていますが、それだけではないですよね。

「衣食足りて礼節を知る」というのは全く正しくて、ご飯を食べられなければ礼節も教養も意味がないわけですが、衣食が足りたら足りたで「人はパンのみにて生きるものにあらず」なのです。人間が考えるための脳を持っている以上、単に次世代を育てる以外にも、どうしたら元気で明るく楽しく生きられるのかを求めるものだと思うのです。

では、楽しむためにはどうするかというと、例えばスキーを楽しむためには滑り方を学ばないといけないように、ワクワクした人生を送るためには、いろいろなことを知らなければいけないのです。

ヨーロッパの街を歩くと、あちこちでチェスをやっていますが、もし自分がチェスを知っていれば仲間に加えてもらえる可能性が生まれます。そうして一緒にチェスができたら、会話も生まれてきっと楽しいと思うのです。ですから、何かを知るとか学ぶとかいうことは、自分自身の人生の選択肢を増やすものなのです。

ピアノを見つけたときに、自分が弾けなければ他人が弾くのをただ見ていることしかできませんが、自分が弾ければ演奏することができるわけです。そして、弾いてみたら「上手だね」と褒めてくれる人がいるかもしれませんし、そこから会話が生まれるかもしれません。

だから僕は、何かを学び勉強することは、そのたびに人生の選択肢を一個一個増やすことだと思っています。もちろん、それは別にやらなくてもいいことですが、とはいえ人生の選択肢はあればあるほど楽しくなるはずです。

つまり、教養とは自分の好きなものを学ぶことに尽きると思います。いくら学ぼうと思っても、嫌いなことはなかなか身につきませんから。むしろ嫌いだけれど仕方なしに身につけるものは教養ではなくて、先ほどの先生の言葉で言えば「機械的な技術」にあたるのだと思います。上司から仕事に必要だから読めと言われて読む本と、自分が好きで読む本とでは、やはり違いますよね。

## 教養は「有用性」や「知識量」とは関係ない

**出口**　そして、教養は本来、役に立つか立たないかとは関係がないものです。役立つかどうか以前に、自分が好きだから学んでみたり、読んでみたりするわけです。

そこで得た知識が役に立つかどうかなんて、誰にもわかりません。それでも、何かあったときには、ピアノやスキーのように学んでいれば実際に楽しむことができるわけです。

その意味で、自分の好きなことを極めることで人生の選択肢が増えるもの、それを仮に「教養」と呼んでおいたらいいのではないかと思います。

**楠木**　その通りですね。先ほど、教養は実用的なものだと言いましたが、それは結果において実用的ということです。教養は仕事や生活にとても役立つし、教養があるほど心地よく暮らせる。しかし、それは特定の目的に対してどれだけ役に立つかを事前に狙うものではない。重要なことは、教養においては動機が内発的であるという点です。つまり、教養というのは、何か良いこと、得をすることがあると思って学ぶものではないということです。

「動因（ドライブ）」と「誘因（インセンティブ）」の区別が大切だと思います。例えば、昇進のために必要な試験の点を取ろうとして英語を勉強する。こういうのは昇進を誘因とした行動です。誘因とは、文字通り自分の外部にあって自らを誘う要因ですね。これに対して、教養はインセンティブが効かない世界です。その人の内発的な動因でしか、教養を身につけることはできませんね。

教養というものは、いろいろなことを知っていて知識の量が人よりもあるといったことではありません。先ほどのスキーの例で言えば、自分でやりたいと思って内発的にスキーを学ぶことと、冬山の中に住んでいて、もはや交通手段としてスキーがないと生きていけない人が習得するのとでは、全く意味が違う。

後者の場合は必要に駆られてやっているわけで、どちらかというと「勉強」に近い。同様に、世の中で起きていることをいち早く知らなければいけないからといって、手っ取り早く情報収集の技法を勉強し、知識の量を増やしても教養にはなりません。

**出口** 冬山のケースはどちらかというと強迫観念によるインセンティブが働いています。同じように、最近でもAIやフィンテックについて知らなかったら格好悪いといった風潮がありますよね。しかし、教養の場合は、自分が知りたいこととか、面白そうだと思うことがベースにあるはずです。

パリ大学で社会心理学を研究されている小坂井敏晶先生は、「学問は何の役にも立たない」とはっきり言い切っておられます。では、何のために研究しているのかといえば、やりたいからだとしか答えようがないというのですね。ただ自分の好きなことをやっているだけですと、反語的にそうおっしゃるのです。

僕も同じような考えを持っていて、自分がやりたくて学んだものは、やはりワクワクするものなのです。そして、そのようにして何か一つ、自分の好きなものを極めていくとしだいに「広い世界」が見えてくるんですよね。

僕の知人で年をとってから茶道を始めた人がいるのですが、普段は粉からお茶を点てたりしないものですから、「なんで粉になっているんだろう」と思ってお茶について勉強していったんです。すると、宋の時代には、お茶はすべて粉で飲んでいて、それが日本に入ってきたからそのまま残っているということがわかったそうです。そこから宋の歴史がすごく気に入ったみたいで、今では、会うたびにお茶飲みついでにレクチャーをしてくれます。

要するに、どのようなことでも面白くて好きなことであれば、自分の世界は広がっていくのです。お茶から宋の歴史に興味を持った知人のように、学ぶにつれて楽しいことも芋づる式にどんどん増えてくるので、ますます楽しくなっていくのです。

以前、三井物産元社長の槍田松瑩《うつだしょうえい》さんと対談した際に、何かわからないことがあるとすぐにその道のプロのところへ話を聞きに行くと話されていました。

例えば、経営戦略であれば楠木先生のところに行かれるわけです。そして、そこで聞いた話が面白いと、すぐに部下たちにも話をしたそうです。考えてみると、これは、学ぶ上でベストな方法です。人間は、知りたいと思ったときが一番勉強できますし、それを人に話すことでさらに理解が深まりますからね。知りたいと思ったときにすぐに辞書を引いたり、行ってみたい場所があれば、そう思ったときにすぐに休暇を取って行く。そうしたときに一番学びの効率が上がります。

ですから、ぜひ読者の皆さんには、今あなた自身が興味を持っていたり、知りたいと思っていることを、遠慮せずとにかく極めてみてほしいと思います。とことん納得がいくまで、岩盤に突き当たるところまで徹底して学んでみてほしいです。それが積み重なれば、おのずと教養も身についてくるはずです。

## 「欲望への反応速度」が、その人の品格や教養を物語る

**出口**　ところで僕は、個人的には、教養や品格といった言葉はあまり好きではないんです。

**楠木**　以前おっしゃっていましたね。「品格、品格」と言う人こそ一番品格がない、というのと同じで……。

**出口**　ええ、そう思います。品格のある人は、品格という言葉を使わない人です。

**楠木**　言葉の感覚には、その人の考えが色濃く出るので面白いですね。僕も「品格」という言葉は品がないのであまり使いませんが（笑）、「品が良い」とか「品がある」というのは、価値基準としてわりと重要なことだと思っています。

僕が一番気に入っている「品がある」の一定義は、「欲望への速度が遅いこと」。言い換える

と、抽象度を上げて物事を理解しようとする姿勢ですね。これは教養の有無と深く関わっていると思います。目の前の具体的な事象に対して「これは要するに何なのか」と考える。これが抽象度を上げるということですが、それは同時に思考の汎用性を上げるということでもありますね。

**出口**　そうですね。

**楠木**　ですから、例えば「フィンテック1時間で早わかり」のような本から得た知識は、フィンテックについては有効でもその汎用度は低いわけです。それと反対に、抽象度が高いがゆえに汎用性も高い知識が教養ですね。

**出口**　その通りです。それに加えて教養の特徴には、知の広がりの大きさがあると思います。僕は、世の中の事象というのは、〃氷山〃と似ていると思っています。人間の脳が意識できるのは2、3割で、無意識が脳の活動の大半を占めていますが、それと同様に世の中の事物で見えているのは氷山の内の2、3割で、残りの7、8割は海の中に隠れているわけです。すると、いわゆる「早わかり」系の知識というのは、氷山の上だけをなぞっているにすぎません。

教養は、役に立たないことも含めて関連する情報を全部集めて成り立つものですから、海中に隠れている7、8割の知識もしっかり認識することが必要だと思います。

ですから、目に見えるものだけでなく見えないもの、役に立つものだけでなく役に立たないものも含めた氷山全体の大きさが、その人の知的な体系をかたちづくっている気がします。

## すぐ役立つ知識ほどすぐに役立たなくなる

**楠木**　おっしゃる通りだと思います。「抽象度を上げる」というとだんだん世俗から離れていって役に立たないものだというイメージがありますが、僕はむしろ逆だと思っています。抽象度が高ければ高いほど、実は実用的なのです。

僕の知人で実に品がいいなと思わせる方がいます。その方が住まいと別に週末を過ごすための家を買ったので、見せてもらいに行ったのですね。古いマンションの一室を綺麗に改装されていて、しかも海が見えて素敵なお部屋でした。

僕が、「いいところを見つけましたね」と言うと、その部屋に決めるまで一年間、マンションの部屋を借りて、住みながらどこの部屋が一番良いか考えていたそうなんです。これは「買う」という欲望への速度が遅い例ですが、すぐに買わずに、まずは俯瞰《ふかん》して全体をじっくり眺める。経験を重ねながら総体についての理解を持つ。その上で、具体的にどの部屋を買って、どういう風にするかを決めている。いかにも欲望への速度が遅い。こういうのはいいなあと思いますね。

**出口**　実用的な知識というのは、あるいは一年もすれば陳腐化してしまうかもしれませんよね。

**楠木**　その通りですね。それに対して教養は、そう変わるものではない。

**出口**　アウグストゥスは、「ゆっくり急げ」という言葉を壁に貼っていたそうです。結局、ゆっくり考えて対処する方が、問題が早く解決することになるのだ、と。それと同じように、いろいろなことを知っていれば、すぐに飛びついて決断せずに一呼吸おくことができるんですよね。

例えば、僕はよく食べる方なのでフレンチなどに行くと、美味しいパンをついパクパクと食べてしまうのですが、ボーイさんから「この後もまだたくさん出ますから、少し抑えた方がいいかもしれません」と言われたりして（笑）。これも、フランス料理について知識があれば、すぐに手を出さずに抑えながら食事を楽しめるわけですよね。つまり、全体を知っていれば、欲望の速度を抑えることができるのです。

もう一つ、ある成り上がりのおじさんが母校の大学に寄付をしたケースを思い出しました。寄付をされた学長は喜んで、そのおじさんを呼んで感謝し、「この機会に先輩として何かご意見をください」と言ったそうです。するとそのおじさんは、「後輩を採用しているが役に立たず困っている。もっと社会に役立つ大学生を育ててくれ」と学長に話したのです。この学長は根性があったので、「お言葉ですが、すぐに役立つ知識はすぐに役に立たなくなりますが、それでもよろしいですか」と返したそうです。

つまり、教養を身につけて抽象度を上げて思考することができれば、すぐには役に立たなくとも本質的なものが何であるかが理解できるのです。

抽象度の高いものは普遍のものでもあるので、楠木先生が言われるように、何か具体的な事象が起きたときでもその物事の本質が判断できるわけですね。

## 「激動おじさん」は信用できない

**楠木**　思考の抽象度が高い人の話の中には、しばしば「いろいろあるけど、要するに……」が出てくる。複雑で渾然とした事象の本質を衝き、枝葉末節を捨象する力ですね。

よく、「今こそ激動の時代！」とかと熱弁をふるうビジネスパーソンがいますね。僕は「激動おじさん」と呼んでいるのですが、そういう人には、試しに会社に置いてある日経新聞の縮刷版をめくってもらいたいですね。お約束しますが、この50年、60年、新聞には一日も欠かさず「今こそ激動期だ。これまでのやり方は通用しない」と書いてありますよ。

激動期がずっと続くことは定義からしてありえない。もちろん表面に出てくる現象は刻々と変わっていくわけですが、その根底にある商売の本質は変わらないというのが本当のところだと思います。

とくにビジネスは日々の変化が激しい世界ですが、変わっているのは先ほどの出口さんの言葉でいえば〝氷山〟の上に出ている部分だけなのです。ここだけを見て、「激変期だ、これまでのやり方は通用しない」と言ってみても、変化を追いかけて目が回るばかりで、なんら有効なアクションは打てません。
僕は「激動おじさん」は信用しないことにしています。信用できるのは、表面に出てくる様々な変化に直面したときに、「要するにこういうことだよね」という言葉が出てくる人です。教養の有無は、一つにはこの「要するに」が言えるかどうかで分かると思っています。

**出口**　世界中の大脳生理学者は、人間の脳は1万3000年前のドメスティケーション（定住。農耕や牧畜の始まり）以来一切変化していないと述べています。進化しているのは技術や文明だけなのだ、と。脳が変わっていない以上、人間の喜怒哀楽や経営判断は変わりません。

トランプさんが大統領選に当選してから、「どう対処したらいいのですか？」などと聞かれる機会が増えました。選挙結果を見ればわかる通りものすごい接戦で、投票総数1億3800万票の内、勝敗を決めたのは20万票足らずだったわけですから、トランプ現象は〝誤差〟の範囲だったのです。つまり、どちらの候補も当選する可能性がありました。そこで「なぜトランプが当選したのか？」と言われても、それは誤差ですとしか言い返しようがありません。

選挙というのはそんなものですから。もちろん、この結果を軽視してはいけませんし、そうした〝誤差〟によって世界が激変する可能性も大いにあります。ただ、選挙結果そのものはアメリカ社会が分断されていて、再配分が上手くいっていなかったと見ることもできますから、それを大変だと大騒ぎしても仕方がありません。

## 本質を理解しないと不自由になる

**楠木**　自分の言葉で対象をつかみ、自分の頭で考えることができない人ほど、目先の現象だけですぐに大騒ぎをする。これが先ほど申し上げた「自由でない状態」ですね。現象や対象に自分が隷属してしまっている。

その意味で不自由な人は、調子が良いときには「アベノミクスが功を奏して」などと言いますし、調子が悪くなると「六重苦だ」と言ったりする。良いときも悪いときもありますが、いずれにせよ、状況に流されるままになっている。状況変化の中で、不変の軸足になるのが教養だと思います。

**出口**　人間は「考える葦」（パスカル）ですから、最終的には自分の頭で考え、自分の言葉で自分の意見を言うために、一生勉強しているのです。

これは、山本義隆さんが大佛次郎賞を受賞されたときの言葉だったと思いますが、結局のところそこに尽きると思います。その意味で、「激動おじさん」は自分の頭で考えることができない人たちです。同様にトランプさんにどう対応したらいいのかなど、常識的に考えれば分かるはずです。

つまり、働き方改革をしっかりとやり、生産性を上げて経済の足腰を強くすることに尽きます。

**楠木**　「どう対応したら良いのですか」という質問は、解を急ぎすぎているように思います。政治の場合はとくにそうですが、「全面的に良いこと」というのは滅多にない。結局、どのようなアクションを起こしても何かしら悪いことは起きる。重要なのは、具体的にどういう解があるかよりも、解を導くまでの思考のプロセスの方です。「急がば回れ」というのは本当にその通りで、落ち着いた心がなければ、教養は逃げて行ってしまいますね。

## 教養なきリーダーは去れ

**出口**　経営者やプロジェクトのトップを担うようなリーダーに教養は必要かという質問に対しては、「必要に決まっている」というのが僕の意見です。

なぜなら人間は一人では仕事ができないからです。誰しも何らかのかたちでチームで仕事をするわけですが、では人間の最大の労働条件は何かと言えば、それは上司なのです。部下は上司を選べないので、上司が労働条件の100%であるわけです。すると、トップに立つ人物に教養があれば様々な物事に理解があるため、社員はみな元気で明るく楽しく過ごせます。それだけでも、部下にとってはありがたいことです。

逆に、教養がないような「激動おじさん」だったら、部下は上司が騒ぐたびに右往左往させられるだけですからね。ですから、上に立つ人間には教養がなければいけません。もっと言えば、教養がない人間は上司になってはいけないのです。先ほども述べたように、教養がなければ人生を楽しめませんから、職場を楽しくすることもできませんし、部下も楽しく過ごすことができないのです。

それと、リーダーが経営判断をしないといけないときは、実はそれほど多くないのです。しょっちゅう経営判断をしているようにみんな思っているようですが、基本的には何かが起きたときに、わからないことを決めるのがリーダーの役割です。

その点を考えると、リーダーが右往左往したらロクなことはありません。「ゆっくり急ぐ」ための時間軸を取るだけの教養がなければいけないのです。

**楠木**　経営の意思決定をする際に、例えばオプションA、B、Cがあったとする。当たり前の話ですが、どの選択肢が一番優れているかは事前には分からない。どんなに分析して予測しても、実際にやってみなければ分からない面がある。だとすれば、事前に最も強固な拠りどころとなるのは、その人の中にある「論理的な確信」しかない。

それは、具体的なレベルで仮定に仮定を重ねて、各オプションの期待値を計算していくような作業ではなく、物事を単純化して「要するにこういうことだ」と本質をつかみ、自らの確信に基づいて決断するということです。

この「論理的な確信」の淵源となるものが教養なのだと思います。教養がない人には重大な意思決定は任せられません。

**出口**　なるほど。僕は、「論理的確信」のことを「数字・ファクト・ロジック」と呼んでいますが、おっしゃる通り、物事の構造をシンプルに見ることができなければ判断することはできないですね。

**楠木**　そうです。シンプルになっていなければ、判断の根拠を人に上手く伝えることもできません。

**出口**　組織を動かす場合には、ものすごくシンプルに喋らなければいけませんからね。最近では、「私の履歴書」（日本経済新聞）に書かれているカルロス・ゴーンさんの話を読んで、そのことを納得しました。毀誉褒貶《きよほうへん》の激しい人ではありますが、あそこまで残っているということは、本質をしっかり見極められる人なのだと思います。

**楠木**　そうでしょうね。ゴーンさん的な哲学もあれば、出口さんはまた違ったタイプの経営者なのかもしれません。これはどちらが良いという話ではありませんね。経営のスタイルは千差万別でも、その背後に本質を見極める教養を持っているかどうかが重要なのだと思います。

## 数字やファクトは未来予測のためのものではない

**楠木**　先ほどの話に戻ると、出口さんのおっしゃる「数字・ファクト・ロジック」を誤解している人が世の中に多いように思います。

数字やファクトの重要性というと、「事前に定量的なデータに基づいて選択肢の優劣が判断できる」とか、それがエスカレートすると、「事前に優劣が確定していないと意思決定はできない」という話になりがちです。最近では、オプションの優劣の決定にＡＩを活用すれば、最適解を導いてくれるのではないかとする論調が多いですよね。

それは大間違いだと思います。数字やファクトというのは、すべて過去についての出来事であって、未来予測をするものではありませんから。

**出口**　ええ、おっしゃる通りです。僕も、将来のことについて予測することはできないと考えています。

あるメディアさんの取材で、来年の予測をしてくださいと頼まれた際に「わかりません」と答えたら「真面目に答えてください」などと叱られてしまったのですが……。なぜなら、一年前にはトランプさんが大統領に当選するなどとは多くの人が信じていませんでしたからね。こういうときに、人間の社会を理解する上で一番腹に落ちる説明をしてくれるのは、やはりダーウィンの学説です。ダーウィンは、将来に何が起きるかはわからないし、強い者も賢い者も生き残るとは限らないということを述べています。そして、たまたま何かが起きたとき、それに適応した者だけが生き残るのだというのです。

**楠木**　ちょうどいいタイミングで、ちょうどいい場所にいたということですよね。

**出口**　そうです。厳密に言えば、「運」と「適応」ですね。今の進化論の考え方では、運とは適当なときに、適当な場所にいることです。しかし、適当なときに適当な場所にいる人は一人ではなくたくさんいるため、その中で上手に適応した人だけが生き残るのです。

われわれがなぜ過去のことを勉強するのかと言えば、それは教材が他にはないからです。例えば、また金融恐慌が起こりそうだから、リーマン危機について勉強しないといけないと言っている人がいますが、これが典型ですね。将来何が起こるかはわからなくとも、一番最近に起こった事象を少しでも勉強しておいたら何かの足しになるのではないか、と。

たしかに、たくさんの教材を知り、多くの事例を積み重ねていけばその認識も深くなります。しかし、数字やファクトを集めて正確な判断をするには、いくつかの前提条件があります。まず、検討するための時間が無限にあること。それから、部下も大勢いてみんな賢いこと。こうした条件があるならば、膨大なデータを数量化できるかもしれませんが、通常、そのような状況は誰もが手に入れられるわけではありません。

だから普通の人間の判断は、データが足りない中でしなければなりません。そのときに必要なのは、「要するに」と抽象化することのできる能力で、これを「直感」と言ってもいいと思いますが、まさしく「論理的な確信」がないと判断することはできません。

日本では、「根拠なき精神論」があまりにも多く、「若いときには徹夜するくらい仕事しないと仕事は覚えられない」などと言うおじさんが山ほどいますよね。

僕は、そのような根拠なき精神論が死ぬほど嫌です。ですので僕は、そういうおじさんにはいつも、「多分、僕が不勉強なだけだと思いますので、若いときの長時間労働がその人の生産性をどう上げたかについての論文やデータでも何かあったら、ぜひ送ってください」と伝えています。これをもう5年ほど言い続けているのですが、結局送られてきたことは一度もありません。

## 教養の深さがパターン認識を広げ、判断力を鍛える

**楠木**　つまりは、「パターン認識」ですね。様々な因果関係を包括して抽象化するということです。歴史を知ることは、過去に起きた事象のパターンを多く知るということですから、歴史についての知識や理解は、パターン認識の能力を身につける上で最上のトレーニングになります。

例えば、リーマンショックがあったとき、日本電産社長の永守重信さんは、すべての用事をキャンセルして図書館にこもり、大恐慌の本を読み漁ったそうです。永守さんは「1ヵ月こもった」とおっしゃっていましたが、本当かな（笑）。ま、そこまでではないにせよ、そうした行動は未来に危機感を抱いた人間が自然にとるものだと思うのです。

この本でも選書したように、僕がこのところ読んだ本の中で最も強いインパクトを受けたの

はイアン・カーショーの『ヒトラー』という本なのですが、お読みになりましたか？

**出口**　ええ、この本は面白かったです。

**楠木**　素晴らしい本です。これを読んで僕が得心したのは、当時のドイツ第三帝国が、自国の敗北が見えてくるにつれて精神論で突き進むようになっていった点です。

これは当時の日本の状況についてもよく言われることですが、「精神論だから負けた」というのが一般的な理解ですね。ところが実際はそうではない。因果関係が逆なのです。よく言われているように、精神論があるから負けたのではなく、負けが込むうちに精神論になってくるんですね。この動学的なプロセスが丹念に記述されていて、カーショーの『ヒトラー』には本当に目を開かされました。

**出口**　ええ、「金持ち喧嘩せず」とか「貧すれば鈍す」などと言ったりもしますが、追い詰められるとどんどん悪循環に陥っていく様は、ドイツの例に限らずどこにも当てはまる教訓だと思います。

**楠木**　教養がある人は、そうしたパターン認識の引き出しが豊かですね。ですから、いくらビジネス環境がめまぐるしく変化していても、多くのパターンから物事を捉えているためジタバタしない。

**出口**　これはどこかで見た現象と似ているな、と気付けるわけですよね。

**楠木**　ええ、それこそがリーダーにとっては大切で、優れたリーダーは、新しい出来事に直面しても、「いつかどこかで見た風景」「いつか来た道」として捉えているフシがありますね。俗に言う「ブレない」というのは、こうしたパターン認識の豊かさに依拠しているのだと思います。

## リーダーは、ベースとなる人間観を持て

**出口**　これも氷山と一緒ですよね。底が深い氷山はほとんど動かない一方で、底の浅い氷山はすぐにひっくり返ってしまいます。

そして、このようなパターン認識のベースには、その人なりの人間観があるように思います。おそらく、人間観は2種類に分けられて、一つは「人間は愚かでどうしようもない動物だから、それほど賢い判断は不可能だ」とする考え方です。そしてもう一つは「人間はなかなか立派で賢い動物だから、ちゃんと教育して育てればリーダーは育つ」とする考え方。僕は、人間観はこのどちらを取るかに尽きると思っているのです。

僕自身は、人間はチョボチョボ主義だと思っていますから、前者の考え方で世の中を見ています。ですから、人間を変えるためには、世の中の仕組みから変えていくしかないと思っています。優れた家来がいて、「王様、こうしたらどうでしょうか」と進言したくらいで人は変わらないと思うのです。

楠木先生が選書された『フランス革命の省察』と『アメリカのデモクラシー』は僕も興味深く読みました。フランス革命では、人間の理性に信頼を置いて、自由・平等・友愛が素晴らしいと宣伝しました。これは、人間は賢い動物で、教育をすれば誰でも賢くなるはずだという人間観が前提にあるように思います。

僕がバークやトクヴィルに惹かれるのは、自分を含めて人間がどれほどいい加減な動物であるかを弁《わきま》えているからです。理性で考えたものは、実はそれほど信頼できないと警告しているわけですよね。

落合淳思《あつし》という商の時代の甲骨文字を研究している学者も、同様の認識を述べています。商の時代には人身御供があって、王様が死んだら捕虜の首を切って埋める風習がありました。落合先生は、人間の社会がこれほど進歩してきたのに、シングルマザーや格差の問題など、なぜこんなに理不尽なことがいくつも起きるのだろうと若い頃に思われていたそうです。

しかし、商の時代が５００年も続いていたことを知って、理不尽なことがあっても全体としてある程度のバランスが取れていたから商は５００年続いたというファクトに気付いたといいます。

ですから僕は、若いリーダーの皆さんには、物事を考える上でベースとなる人間観を持ってもらいたいと思います。どれだけ文明が進んで、フィンテックやＡＩが登場しても、商売の相手はあくまで人間ですから、人間をどう理解するかが重要なのです。

**楠木**　その人の教養は究極的には人間観に表れるのでしょうね。

近代の代表的な政治思想として、社会主義・自由主義・保守主義・民主主義があげられますが、一つの分類軸として、誰か特定の設計者がいる思想と、自然に生まれて人間社会に定着した思想とに区別できます。

民主主義と社会主義は特定少数の人が考えた思想です。提唱者なり設計者がいる。これに対して、自由主義と保守主義は自然の成り行きで定着した思想です。やはり特定の人間が考えたことには脆弱性《ぜいじゃく》があると思います。逆に言えば、自然に人間社会が必要として定着したという意味で、バークのいう保守主義は頑健だと思います。

僕自身が人間観として大切だと思っていることは、人間は多面的で、一貫性がないものであるということです。選書でも触れたサマセット・モームの本から学んだことですが、あれだけ人間について洞察を重ねた作家が行き着いた結論が「首尾一貫した人はいない」。そして、その理由は「誰もが結局のところ自分だけは特別だと思っている」からだと言うのです。

**出口**　本当は愚かなのに、自尊心だけは強いからですよね。

**楠木**　ええ、自己愛です。これは誰しもがそうです。僕は、それを無視して人に一貫性を求めるのは無理があると思います。「声高に正論を言う人」が僕は大嫌いですね。そういう人ほど、すぐに自分を棚に上げる。

**出口**　大脳生理学者の研究では、人間の脳の構造からしてリテラシーの高い人ほどコロコロ自分の意見を変える傾向があるとの実験結果が出ています。つまり、相対的に賢い人でもコロコロ意見を変えてしまうものなのですね。脳は、自分を保護するために見たいものを見えるようにできていますし、都合が良いように考えてしまうのです。

## 本は圧倒的にコストパフォーマンスが高い

**出口**　本書では各選者が教養書を紹介しています。人間が賢くなるためには人・本・旅だと僕は言い続けています。

本を選ぶときにお薦めなのは、まずは表紙の綺麗な本を選ぶことです。表紙がいい本は、出版社も力を入れているはずですから、優れた本が多いのです。そして、表紙で惹かれたら本文の最初の10ページを読んでみてください。

書き手の気持ちになってみれば、読んでほしいから本を書いているはずなので、最初の10ページでその本の面白さがある程度はわかるはずです。それだけ読めばその本との相性がだいたい分かるでしょうから、本は人に比べればとても選びやすいのです。

それから、コンパクトなので旅に比べて効率もいいです。例えば、ホワイトハウスに毎日通ってトランプさんに会いたいと言っても、多分会えないですよね。ところが、リンカーン演説集を800円で買ってしまえば一晩、彼を〝独占〟できるわけですよ。

また、先ほども述べたように、僕は「人間は不器用な動物だ」と思っているので、何事もプロに教えてもらわないと上達しないと思います。
スポーツでも、先生が教えてくれたことを真似して上達していきますよね。それと同様に、自分の頭で考えて、自分の言葉で自分の意見を言うことも、これまでの歴史の中で優れた脳を持っていた人がどういうロジックを組み立てたかを学べば身につくと思うのです。
例えば、アダム・スミスはどういう数字・ファクトを積み重ねて『道徳感情論』などを書いたのかなどと考えながら読むことで、彼の思考のプロセスを追体験できます。それを丁寧に読み込んで真似していくことで、脳の筋肉は鍛えられていくのだと思います。僕は人・本・旅の中でもとくに本に過大な期待をかけているのかもしれませんが、他の二つに比べていいものを選びやすい点と、効率がいい点、それから考える力を養える点で、本以上のものはそう簡単には見つからないと思うのです。

**楠木**　僕は、人間が取りうるありとあらゆる活動の中で、読書が最もコストパフォーマンスが優れていると思っています。しかも、他の活動に比べて桁違いに優れている。

**出口**　安い本は一円から数十円で買えますものね。

**楠木**　ええ。青空文庫にいたってはタダですからね。
読書の最大の効用の一つは、「事後性の克服」だと思っています。われわれは周囲からいろいろなことを教わります。それでも、実際に経験してみるまで理解できないことというのが、この世の中にはたくさんある。

どれほど聡明な人でも頭だけではなかなか分からないものです。読書は、実際に何かを経験した人がその経験を終えた後に書いているわけですから、それを読むことで擬似的に追体験することができます。こうすることで、本来であれば後になってみなければ体験できないことも、読書を通じて考えられ、ある程度まで事後性を克服することが可能になるのです。

ただし、人と会うことと比べて劣っている点もあります。それは、本の場合だと論点が整理されすぎてしまっていることです。〝ノイズ〟から得られる洞察を得る可能性が低い。しかも、人間相手だと自分の言ったことに反応が返ってくる。それは本にはない価値です。その点には注意が必要です。

**出口**　〝体温〟もないですよね。

## 教養は、人の一挙手一投足にも表れる

**楠木**　そうですね。教養というものは、ある人の電話の取り方やご飯の食べ方、机の整理の仕方など具体的な一挙手一投足にも表れているように思います。つまり、それが言語的な情報でなくとも、その人の行動の総体から教養の有無がある程度は分かるし、そこから学ぶこともできると思うのです。

それから、普通は許されないことですが、人のカバンの中に何が入っているのかとか、オフィスのデスクの上がどうなっているのかといったことからも、その人となりを窺い知ることができます。そのような断片にも、その人がどのような人間観なり哲学を持って生きているのかが反映されている。

**出口**　どういう〝宇宙〟の中で生きているか、ということですね。

**楠木**　ええ、世界観ですね。洋の東西を問わずに、優れたリーダーの周囲には「カバン持ち」や「書生」といった制度が発達するのは理由があることです。一挙手一投足をそばでずっと見ているというのは、学びの方法としてきわめて優れていると思います。

**出口**　それから空間を変えることも人間の認識を変えますよね。かつてヴィリー・ブラントがやっていたことですが、彼は考えが煮詰まると勝手に外国へ旅立ってしまうのです。つまり、空間を変えることで、本来の自分を取り戻そうとしていたのです。

**楠木**　なるほど。先ほどカバンの中を見てみたいという話をしましたが、一番いいのは、よく言われるように、その人の本棚を見ること。もちろんプライバシーがありますが、僕は許されるならばいろんな人の本棚を見てみたいですね。

**出口**　それに、どのような人と飲んでいるかなども面白いですよね。

**楠木**　ええ、挨拶の仕方とか会議の切り回し方とかもね。

**出口**　ある会社の社長が、抜擢した若手を秘書に据えて、24時間行動を共にしたなんて話を聞いたことがあります。まさに、自分自身を〝教材〟にしているわけですよね。

**楠木**　人と本というのは総合的で最強な組み合わせだと思います。

## デジタルでは、ゼロからプラスを生むことができない

**出口**　デジタルとはどう付き合うかというと、僕の場合、主に辞書代わりに使っています。毎朝、新聞を3紙読むのですが、まず見出しだけを全部読み、興味のある記事はその後にじっくり読みます。そこで何か引っかかる言葉があれば、ウィキペディアなどを引いて確認します。かつては図書館で百科事典を引いていましたが、今では同じ感覚でウィキペディアを使います。批判する人もいますが、書かれている内容が信頼できない場合は注意書きが出ているのですから、あくまでも参考程度に眺めるには問題ないと僕は考えています。他にも、グーグル検索でヒットした上位2、3の記事を読めば、ある程度はアウトラインが理解できます。その上でさらに知りたければ、本を読めばいいわけですから。

ＳＮＳに関しては部下から言われて決まった数の投稿を日々行っていますが、そこから人の輪が広がる経験が何度もありました。僕は、10人以上集めていただければ講演に行くことにしているのですが、ほとんどの場合はＳＮＳ経由で依頼が来るので、そこで友人がたくさんできます。

ツイッターやフェイスブックでやり取りした中で、「今度飲みに連れて行ってください」などと言ってくる人がいると、何人かでまとめて飲み会を開くこともあります。

そのようにしてSNSを通じて出会う人はだいたい若い方が多いのですが、普段大学の同期や友達と飲むときと違う話題が話せて楽しいです。むしろ、僕の知らないことを教えていただけますし、何より新鮮で面白いのです。

**楠木**　僕に限っていえば、SNSに限らずデジタルツールというのはあくまでも効率を上げるためのもので、それによってゼロからプラスを作る恩恵を感じたことはあまりありませんね。基本的にはマイナスであったものをゼロにしてくれる、という印象です。

**出口**　辞書がそうですよね。辞書はコストと時間をゼロに近づけてくれますから。

**楠木**　ええ、そうです。要するに便利になって効率的にはなりますよね。「効率」と「効果」を分けて考えると、デジタルは効率を上げますが、効果に関わるものは僕は期待していません。

フェイスブックは僕も一応は登録していますが、ほとんど使っていません。自分のバンドのライブの告知をするためだけに温存しています。非常に利己的で自己中心的な使い方（笑）。

SNSなどによって人と人のつながりはたしかに増えると思いますが、問題は「分身の術」が効かないことです。どうしたって自分の体は一つしかありませんから、僕の場合はリアル世界のつながりでもうお腹一杯です。

かつての未来予測では、デジタル時代にはこれまでと全く違った形で「集合知」が形成されていくといった議論がありました。ところがこれにしても、フェイス・トゥー・フェイスでやり取りしていた頃の「集合知」と本質的には変わりがないような気がします。そのスピードが速くなり、コストが低下し、範囲が広がったという程度の問題に過ぎないのではないでしょうか。しかも、その分、失うものもある。トレードオフは厳然として存在しますね。だから、いまだに人とじかに会って話すことの価値は薄れていない。

**出口**　なるほど。基本的には、時間と空間を縮めるためのツールですよね。

**楠木**　ええ、そうです。ただ、僕は全然使いこなしていないからそのように思うのかもしれません。使いこなしている人からすればいろいろな見方があるかと思います。

**出口**　僕もそれは同感です。ライフネット生命が開業した２００８年はまだパソコン全盛期でしたから、スマホが全く普及していないときでした。

僕はスマホが出てきてからも、「こんな小さな画面で生命保険を買う人は少数派でせいぜい資料請求くらいだろう」と思っていたのですが、今ではパソコン経由とスマホ経由の保険購入割合はほぼイーブンです。若い人はむしろスマホで生命保険を買いますから。

ただ、おそらく先生と僕の違いは、僕は面倒くさがり屋ですから、このビジネスをやっていなければ多分今でもデジタルツールは使っていなかった気がします。

**楠木**　僕は、大勢の知らない人と一度に会うのを嫌う性格なので、おそらくＳＮＳがあってもなくても、人とつながること自体に疲れてしまいます。お酒も飲めないので、そもそも「飲みに行こう」ということがない。少数の友達がいればそれで十分ですね。

**出口**　僕もどちらかというと知らない人に会うのは正直好きではありません。けれど、僕には少し変わったところがありまして、何事でも一度決めてしまえば平気でその通りにやれるのです。

例えば、この仕事を始めたときにBtoCビジネスをやるのだと決めたら、もともと初対面の人と会うのが苦手でも一期一会を大事にするようになるわけです。きっと個人のままであれば、今でもツイッターやフェイスブックはやっていなかったと思います。けれど一度やると決めたら、そのために必要なことであれば何でも淡々とやれてしまう性分なのです。

以前勤めていた会社では、皆が入社年次に応じて「さん付け」や呼び捨てを徹底して使い分けていました。このルールのもとで30年ちかくやってきたのですが、ライフネット生命をゼロからつくるときに、年齢フリーで定年のない会社にしようと決めたので、論理必然的に全社員を「さん付け」で呼ぶことにしました。一度決めてしまうと、「さん付け」で苦労なく呼べるものですね。

**楠木**　なぜ一度決めたらそれに合わせられるのかというと、それは表面のことであって、本質的には変わっていないからですよね。

つまり、一番の核の部分が全く変わらないからこそ、一度決めたらそれを貫き通せるのではないでしょうか。

**出口**　その通りです。

**楠木**　逆に、核になるものを持っていないと、例えば「さん付け」にしてもそこに過大な意味を読み取って、それがすべてになってしまったりするわけですよね。

**出口**　ええ、核があれば後は全部〝仮置き〟できると思うのです。表面的には変わっているように見えても、人間や社会に対する基本的な考え自体は全然変わっていないのです。だからこそ、どんな状況にも対応するためには、コアになる考え方がないと戸惑ってしまうはずです。

**楠木**　よく、一つの変わらないものがあると凝り固まってしまって柔軟に対応できないと言う人がいますが、むしろ逆ですよね。

**出口**　ええ、逆です。コアがあるからこそ柔軟に動けるのです。

## 「したいこと」と同時に「しないこと」も考えろ

**楠木**　教養の大切さを話してきましたが、とくに若いビジネスパーソンは「何をするか」と同時に、「何をしないか」をよく考えるべきだと思います。時間など限られた資源をどこに振り向けるか、ということですね。資源制約がなければ、すべてのことを思い切りやればいいので話は簡単なのですが、誰しも資源制約の中で生きている。何をするかということは、同時に何をしないかを決めるということでもあるはずです。

資源制約の最たるものが時間ですね。僕はよく、「ずいぶんとたくさん本を読むんですね」と言われるのですが、理由は単純、他にあまりすることがないからなのです。仕事が終わった後は、人と飲むわけでもなく、時間をかける趣味があるわけでもなく、テレビも観ない。しかも寝っ転がってできるので休憩にもなる。

**出口**　若いときは何でもできるような錯覚に陥りますが、やはり世の中にはトレードオフしかないのだと、理解することが重要です。

**楠木**　僕は、出口さんが普段から時計をお持ちにならないと知って、出口さんの根本的なところが分かったような気になりました。

**出口**　僕は東京に来てからずっと渉外の仕事でしたので、人と待ち合わせをすることが多かったのですが、気が短いので相手が待ち時間に遅れたらイライラするのです。

そのときに、「なんでこんなにイライラするのだろう」と考えてみたら、時計を見るからイライラするのではないかと思ったのです。じゃあ捨ててしまえばいいと捨てたら、実際にイライラする度合いが半分くらいになりました（笑）。

捨てるというのは大事なことです。若い人はとくに、まだまだ時間があるとか、何でもできるといった無限大の感覚を持ちがちですが、歴史を学べばわかる通り人間はそうは何もできません。一内閣でさえ一仕事というくらいに、何もできないのが人間だということがわかると、それだけ時間が大事だと気付けるはずです。

例えば、新しい家具を買いたいけれど部屋に入らないのは、今の家にある家具を置いたままで入れようとするからです。そういうときは、今ある家具を一度全部捨ててしまえばいいのです。そうしたトレードオフや「限界の感覚」を持つことがとても重要だと思います。

**楠木**　若い時分には学んだことをどうしても全部吸収しなければいけないと思ったりするわけですが、何をやるかは置いておいて、こういうことはやめようと考えることは大切ですね。

**出口**　それから、いろいろと選択肢や考え方があるときには、できるだけ一つに絞る方がいいと思っています。これも正しい、あれも正しいと考えてしまうと、結局何もできなくなってしまうのです。ですから、若い人にはなるべく、「これしかない」と考えるようにすることを勧めています。

**楠木**　呼吸と一緒ですね。吸うためにはまず吐かなくてはいけない。時間がないなどと思ったら、まずはゆっくりと息を吐き出してみればいいのです。

# 歴史
History

## Picker #1
# 出口治明

**歴史という生きた教材を通じて**
**人間についての理解を深めることは**
**リーダーの資質を鍛えることに必ずなる。**

**Haruaki Deguchi**／ライフネット生命保険会長兼CEO。1948年三重県生まれ。京都大学法学部卒業後、1972年日本生命入社。企画部や財務企画部にて経営企画を担当する。ロンドン現地法人社長、国際業務部長などを経て2006年に退職。同年、ネットライフ企画株式会社を設立。2013年より現職。歴史に造詣が深く、読んだ本は1万冊を超える。著書に『生命保険入門　新版』（岩波書店）、『「働き方」の教科書』（新潮社）、『人生を面白くする 本物の教養』（幻冬舎新書）など。

## 人間観を養うために、リーダーこそ歴史を学ぶべきだ

なぜリーダーに歴史の教養が必要なのだろうか。リーダーには、あらゆる行動の前提になる「人間観」が必要だからだ、というのが一つの答えになるだろう。歴史を勉強することは、過去の人間たちがどのような条件下でどういった暮らしをし、どのような思考を持っていたかを追体験することを意味するが、そうしていくうちにわれわれ現代人と過去の人々がさほど変わらないのではないかということに気付けるはずだ。

例えば、僕は『フランス革命の省察』を書いたエドマンド・バークの保守主義からは大いに学ぶことがあると思っている。彼が言ったことは、要するに「人間はアホだ」ということなのだ。

フランス革命は人間の理性を尊重し、自由・平等・友愛に基づく社会を形成しようとして勃発したのだが、その前提にある人間観は「人間は理性を持っていて賢い」というものだったように思う。賢い人間が頭で考えたことは、だいたい上手くいくし、その方が社会の状態もよくなると考えたわけだ。

しかしながら、実際にはバークも書いているように、フランス革命後の社会には様々な形で反動が起き、むしろ社会は混乱に陥ってしまった。だからこそバークは、人間の理性や知性をそれほど過信してはいけないという警告の意味を込めて、この本を書いたのだ。

実は、同じような認識はもっと古代にも存在した。僕が今回の選書で挙げているヘロドトスが『歴史』に書き留めているように、古代の世界においても「アホな人間」はたくさん存在していたし、そのことを後世に伝えようと思ってヘロドトスはその人物を書き留めているのだ。

つまり、われわれ人間というのは基本的にアホな動物なのだという認識を持つことは、われわれが歴史の教訓から学ぶことのできる一つの〝知恵〟なのではないだろうか。もちろん、人間が賢いとする人間観を持つ人もいるだろうし、それは優劣の問題ではない。肝心なことは、歴史を学び、いろいろな人間の営みや事件を知ることで、物事を考える上でのベースとなる人間観を身につけることだ。

そして、ビジネスが基本的に人間に関わっている営みである以上は、人間に対する洞察や理解は欠かせないはずだ。だからこそ、ビジネスを成功させる上でも、あるいはそれだけではなく上司や部下との関係構築のためにも、リーダーには歴史の教養が不可欠なのだ。人間観の洞察に長けた人が職場にいれば、きっとその職場は楽しい雰囲気になるだろうし、歴史における様々な人物の立場を勉強してきたリーダーであれば、他者の立場になって物事を考えることができるようになるのではないだろうか。

## 歴史こそ最大の教材である

最近よく「未来予測」をする人が増えてきた。経済指標をもとに予想を立てる人もそうだが、ほんの1年先のことさえも知りたがる人がけっこういるようだ。僕もよく、来年の社会について予測してほしいなどといった取材依頼を受けるのだが、そうしたときにはいつも「未来のことなんてわかりません」と答えている。事実、本当にそうなのだから仕方がない。未来をわれわれが知ることは不可能なのだ。

ただし、未来に起こりうるであろう大事件や破局に備える上で、参考になるものはある。それこそが、歴史である。将来に何が起きるかは誰にもわからないが、未来に何かが起こったとき、それに類することが過去になかったかどうかを遡って学ぶことは大いに有益だ。僕の知人でもリーマンショックについて勉強している人がいるが、今後起きてもおかしくない金融危機に備えて過去の事例から虚心に学ぶべきだ。

言ってみれば、未来のことがわからない以上、僕たちに残された教材は歴史の中にしかない。そして、人類はこれまでに膨大な数の歴史を蓄積してきたのだから、そうした「パターン」の中から示唆を得ることは多分に可能だろう。歴史は、おそらく、いくら勉強しても決して飽きることがないものである。

## 人間は古来ちっとも変わっていない

歴史といっても、所詮は過去のことだから今の社会には何ももたらさないのではないかという意見を持つ人もいるかもしれない。ところが、もちろんそんなことはない。実は、人間はずっと昔から、全く変化していないとも言えるのだ。

事実、人間の脳は1万3000年前から変わっていないことが、科学的にも証明されている。たしかに社会は進歩したし、様々な技術も生まれたが、脳のレベルでいうと、人間自体には何らの進化もないのだ。今ではAIやフィンテックなどについて多くの本が書かれており、これまでの社会とは全く異なるステージにわれわれがいるかのような印象を持ってしまうだろう。

ところが、そのように見えるのは、実は、社会という〝氷山〟の一角を見ているに過ぎず、本当はその氷山の下に多くの変わらないもの、変化に動じないものが堆積しているのだ。多くの物事は、ほとんどが過去の出来事の延長線上にあると、考えていいのである。

おそらくここに、古典など昔に書かれたものを読んでも今のわれわれが感動したり心を動かされる本当の理由があるように思う。

今でも僕は中国の『史記列伝』やペルシアの『王書』、ギリシャの『イーリアス』などを読んだりするが、そのたびに感動したりいろいろなことを考えさせられる。

最後にもう一度繰り返そう。われわれには歴史という生きた教材しかない。けれど、歴史という長大な教材、有益な教材があるとも言える。そして、歴史を通じて社会や人間についての理解を深めることは、必ずや、次なるリーダーとしての資質を鍛えることに通じるであろう。これだけはまちがいなく断言できる。

では、僕がお薦めしたい歴史書の紹介に入ろう。

## ベネディクト・アンダーソン
## 『想像の共同体』

これは、現代の国民国家（ネーション・ステート）を理解する上で必読の書だ。国民国家論はたくさんあるが、やはりアンダーソンのこの書が最も的確な説明をしている。アンダーソンによれば国民国家とは、遠く隔たった地点にいる人と自分が共通の共同体に属するというフィクションを生きることを意味している。例えば、北海道で亡くなった人であれ、イスタンブールで亡くなった人であれ、われわれが直接知らない人であることには変わりはない。つまりは、赤の他人だ。

ところが、イスタンブールで現市民が50人亡くなることよりも、北海道で日本人が5人亡くなることの方が、新聞では大きく取り上げられるだろう。なぜならそれは、北海道に住む人々は自分と同じ「日本の国民」という「想像の共同体」を生きているからである。われわれは、メディアと教育によってこの感覚を持つことができ、それによって一つの共同体の中を生きるのだ。これこそ、ネーション・ステートと呼ばれるものの正体である。

アンダーソンのこの書を読んでいなければ、国民国家の構造や成り立ちはまず理解できないだろう。僕自身は、ネーション・ステートという在り方は、われわれの現在の歴史認識の根本にある問題だと考えているから、そのことを理解するためにも僕はこの書を「必読書」だと言ってもいいほど重要視している。これを読まずして、現代の歴史を語ることは、まずできない。

## イマニュエル・ウォーラーステイン
## 『近代世界システム』〈Ⅰ・Ⅱ〉

これはグローバリゼーションを考える上で秀逸な本だ。ただし一冊一冊がとても分厚いため、さしあたってはⅠ・Ⅱの岩波版までで十分だと思う（名古屋大学出版会から全巻が出ている）。世界システム論とは、要するにグローバリゼーションについての理論であるが、それによれば世界は「世界帝国」と「世界経済」とに分けられる。世界帝国は世界中の国をある一つの中央集権国家が管理している状況だ。

これに対して世界経済はほぼ資本主義と同義で、官僚組織や軍隊などの国家機構を持たなくともリカードの比較優位説よろしく分業体制が成り立つとする捉え方だ。世界経済において世界は「中央・周辺・半周辺（亜周辺）」に分岐することで、全体として一つのシステムを構成する。要するに、発展の遅れたところは中央の地域に原料を送り、中央は完成した製品を周辺に送り返すという形で、世界全体が結びついているのだ。なお、半周辺はこの両者の中間帯であるとここでは理解しておけばいい。

同時にこれは、「中央」が「周辺」を〝収奪〟しているとも考えられるため、現代の世界を捉える上で有意義な視角を提供するだろう。なお、この3領域の関係性は相対的なもので、全体がどれだけ豊かになっても必ず成り立つ。発展途上国だけが必ずしも原材料を提供する「周辺」ではないし、ラストベルトは「周辺」と言えるかもしれない。現代の世界の全体的な構造を考える上では、先ほどのアンダーソンと並び必読の書である。

## フェルナン・ブローデル
## 『地中海』

ブローデルは、歴史を「長波・中波・短波」の組み合わせで捉える見方が特徴的だ。これはダーウィンの進化論に似ている。例えば、気候が寒くなって人が移動すると暖かい地域に人が流れてその地域が乱れることになる。昔は明確な「国境」がなかったから、こうした気候変動が原因で、例えばBC1200年頃にはヒッタイトやミケーネ文明などたくさんの国が滅んできた。また、寒くなると作物が穫れなくなり貯蔵ができずに帝国が分裂することもある。

このような、人間にはどうすることもできないマクロの現象が、彼の言う「長波」だ。「中波」は、例えばフランス王家とハプスブルク家の確執のような動きを指している。

長波も中波も、人間にはどうすることもできない変数だが、これに対して「短波」は突発的に出現する英雄やイノベーションなどを意味する。近代における最大の英雄ナポレオンや、悪い例ではヒトラーやスターリン、毛沢東なども、短波の典型だ。

なお、この考え方はビジネスにも応用できる。例えば、地球温暖化や技術革新は長波に相当するし、自民党の総裁が3選までできるようになったからしばらくはゼロ金利が続くだろうといったことは中波に相当する。このように、今の自分や会社が置かれている状況を、長・中・短のスパンで捉えることは有意義だ。「天の時・地の利・人の和」とそれぞれを言い換えてもいい。こうした歴史上の変動を上手に説明している点で、ブローデルは必読だ。

## アントニー・ビーヴァー
## 『第二次世界大戦1939-45』〈上・中・下〉

現在の世界の成り立ちを理解する上で欠かせないのが第二次世界大戦についての認識だ。現在の世界秩序は、第二次世界大戦の〃後処理〃として完成したものであるからだ。さらに、世界の今後を考える上でも、戦後秩序の成り立ちや起源についての見識が不可欠だ。

なお、世界の行方について述べておくと、昨今のトランプ現象やBrexitが、エマニュエル・トッドが言うごとく「新しい時代」の始まりなのか、それとも単なる「振り子の振れ」なのかはまだわからない。本書の対談でも述べた通り僕は、トランプ当選は〃誤差〃の範囲内だと理解しており、フランクリン・ルーズベルトやスターリンのような世界観を持っているとは思えない。

しかしながら、同時にこの事態を甘く見てもいけない。以前のゴアとブッシュの大統領選も〃誤差〃だったわけだが、そのことの帰結がアフガン戦争、イラク戦争でありISであったのだから。

このように世界がどうなっていくかはまだ不透明ではあるものの、国連やIMFといった世界の「大きな枠組み」を変えるほどのビジョンは未だに登場していない。これを象徴するのが中国の人民元のSDR（特別引出権）認定だ。世界の基本的構造は、未だに第二次世界大戦後の戦後秩序の中にある。だからこそ、われわれは第二次世界大戦の歴史から学ぶ必要があるし、その点で本書ほどに明快で示唆に富む書物は他にない。

## 半藤一利
『昭和史』

ビーヴァーの本で第二次世界大戦についての全体的な認識を持った後は、ぜひ半藤一利先生の『昭和史』を手に取ってほしい。この本で半藤先生は、通常の政治史・社会史を書き、続刊の『B面昭和史』では一般庶民の目から見た日本史を描いている。

つまり、単なる通史では捨象されてしまうような当時の庶民たちの心情や生活状況などが詳細に描かれることにより、一層〝リアル〟で立体的な知識を学ぶことができるのだ。そして、なぜ昭和史の理解が重要なのかと言えば、われわれの生きる現在の日本社会が、まさしく昭和時代の延長線上にあるからだ。現代世界について理解するために第二次世界大戦の知識が不可欠なように、現代日本について知るためには昭和史についての理解が欠かせないのだ。

さらに言えば、明治新政府からの連続性のもとに捉えることが重要だからだ。フランスでは、第一共和制から順次、第五共和制まで、政体を変えるたびに義理堅く順番が付けられている。これと同じように日本の政体を考えると、明治維新期の「第一立憲制」を経て、戦後の体制で「第二立憲制」に移行したと捉えることができる。つまり、江戸から明治の移行に際して日本は近代化したが、近代社会として日本を捉えたとき、この頃の時代にまで遡って現代を知ることが必要になってくるのだ。だから、半藤先生はセットで『幕末史』も書かれているのだ。

## ヘロドトス
## 『歴史』

やはり歴史を学ぶ上では「原点」に立ち返ることが重要だ。その意味で、これまで挙げてきた現代史を読み終えたならば、「歴史の父」と呼ばれるヘロドトスに遡ることを薦めたい。この書物こそ、歴史という記述手法の起源である。BC5世紀のペルシア戦争を主題的に扱いつつ、当時の古代世界の状況が克明に描かれている傑作だ。

とはいえ気難しく構える必要は全くない。彼自身が世界中を歩きまわり、見聞したことを書き留めているため、具体的で読んでいてとても面白い。これを読めば、歴史という営みがどのようにして生まれたかが理解できるだろう。次に紹介する司馬遷の『史記』とヘロドトスの『歴史』の二著こそは、おそらく歴史学における最大の古典だと言っていいだろう。これらを読めば、東西それぞれの世界において、歴史記述がいかなる形で始まったかが、よく理解できるはずだ。

なお、この書におけるヘロドトスの主張は、おそらく冒頭の数行に要約して表現されている。すなわち、人間はアホな動物で、性懲りもなくあちこちでアホなことばかりやっている、というのがその主旨だ。だから、何も遠い時代の遠い国のことだと思う必要はない。むしろ、ヘロドトスの時代の人間と、現代のわれわれとがいかに「変わっていないか」が、よく理解できるのだ。この書は、人類にとっての万古不易の教訓を、今もなお示唆している。

## 司馬遷
『史記列伝』

司馬遷の『史記』は中国最初の正史であるが、今回取り上げた『史記列伝』は、史記の中でも特徴的な人物に焦点を当てた個人史のことだ。中国の歴史記述の方法には、「紀伝体」と「編年体」がある。紀伝体の「紀」は帝王や王室の歴史を、「伝」は個人の歴史を意味するが、これは君主と臣下の歴史だと考えてもよい。対して編年体は、年によって編むと書く通り、年代別に順序立てて書くスタイルをとる。そして、前者の手法をとる歴史書が、『史記（列伝）』なのだ。

この記述手法が日本に与えた影響も大きい。例えば、『日本書紀』の「紀」は紀伝体からきており、当時の日本史の書き方は多分に『史記』や『漢書』から影響を受けている。『日本書紀』は、もともと、当時の日本が唐にわが国の歴史を示すために日本書の「紀」を書いた段階で途切れてしまった。それで、『日本書紀』となったのである。

『史記列伝』には、当時の中国の英雄が描かれているが、その中でも一番有名なのが「荊軻《けいか》」という刺客の話だ。秦の始皇帝を暗殺しようと画策するも、最後の最後で失敗するという劇的な物語である。あるいは、個人が類型別にも描かれており、当時のヤクザの親分や役人がどういう人物であったかなどをも知ることができる。ぜひとも興味を惹かれた列伝から読んでみてほしい。

## チャールズ　C.マン
## 『1493　世界を変えた大陸間の「交換」』

この書のテーマは、1493年の「コロンブス交換」を端緒とする人間の交易だ。産業革命には、化石燃料・鉄鉱石・ゴムの3要素が大きな役割を果たしたと言われているが、実はゴムという資源はもともとメキシコにしかなかった。だから産業革命は偶然のコロン（コロンブス）の新大陸到達によって開始されたのだ。

この書を読むと、商売がいかに地球環境を変えてしまうかという「交易の恐さ」がよく理解できる。例えば、コロンブス交換によって地球は寒くなった。なぜか。まず、旧大陸の病原菌が新大陸に移って原住民を死滅させる。すると原住民がやっていた焼き畑農業がストップして森が復活し、光合成によって酸素が大量に排出されて冷えるのだ。

このように、人間が行う交易によって、地球の生態系がいかに変化するのかが、この書を読むとよく理解できる。ただし、交易をただ止めればいいというわけではない。例えば、江戸時代の日本の鎖国は、日本の発展を著しく妨げた。鎖国前に4～5％あったわが国の世界に占めるGDPシェアは明治維新直前には2％程度にまで落ち込み、しかも男性で身長155㎝・体重50kgなど日本人が歴史上最も小さくなってしまった時代でもあった。人類は交易によってその土地にない物質を持ち込んだことで文明を進化させてきた。

グローバル時代の現在、ときに生態系をも破壊しうる交易について考えることは、リーダーの教養としてきわめて重要だ。

## ユヴァル・ノア・ハラリ
## 『サピエンス全史』〈上・下〉

歴史をもっと広く捉えた場合、20万年前に人類がいかにして誕生したかを学ぶことも重要だ。人間にとって最大の難問は、われわれがどこから来てどこへ行くのかにあった。今ではほとんどのことが科学的に説明されており、実はわれわれが星のかけらからできていることが明らかにされているが、このようなスケールで人類とは何かを考える上でお薦めなのが、この書だ。

この本は4部構成になっており、まず第1部で「認知革命」が起こり、言葉が誕生したとされる。これにより人類は思考を外部化しコミュニケーションによる協働が可能になった。第2部で「農業革命」が起こり、生産性が一気に向上した。農業の発展は作物の蓄積をも可能にし、人々の生活を安定化したが、貧富の差も生じた。そして、第3部が「人類の統一」で、グローバリゼーションによる人々の交流が扱われる。ここで著者は貨幣という虚構が持つ意味合いに注目する。

そして、第4部で扱われるのが「科学革命」だ。科学の進展により産業革命や帝国主義が生まれ、さらに現在のグローバル資本主義へと発展する様が扱われる。最終章は「超ホモ・サピエンスの時代へ」と題されており、人類が発展の果てに従来の人類像を超え始めていることに触れている。

このように、人間の認知機能から議論を始め、果てには現代の科学技術や国家論などへと話を進めており、非常にスケールの大きな議論となっている。

## 更科功
## 『宇宙からいかにヒトは生まれたか—偶然と必然の138億年史—』

この本は138億年前の宇宙の生成から始まり、地球と人類がいかにして生まれたかをたどっている。『サピエンス全史』よりさらにスケールが大きい。

ビッグバンから始まり、45億年ほど前に地球が誕生し、その後大きい惑星が地球に衝突して月が誕生する。40億年ほど前に海ができて深海生物が誕生し、30億年ほど前にマントルの回転により地球が磁石に変化したのを機に、太陽風が磁力で曲げられたために生物は浅海まで上がることができるようになった。ところが、地上にはまだ紫外線があったため、生物は地上に上がることはできなかったが、浅海で細菌が光合成を始めたことで酸素が生まれ、同時にオゾン層ができて紫外線をシャットアウトする。そして、3億年ほど前にようやく生物は地上への上陸を果たした。その後、恐竜がユカタン半島に落下した隕石の影響で全滅し、鳥類だけが残ったために哺乳類の天下が到来し、そこからやっと人類が登場する……。

このようにとてつもないスケールで書かれている本書には、生命があと10億年で消滅するという話も書かれている。なぜならば、生命が生まれてから40億年が経つのだが、あと10億年で太陽が膨張し地球の水が全部干上がってしまうからだというのだ。

あまりにも長大なスケールで書かれた本書は、他の本よりも遠くから人間を考える姿勢をわれわれに提供してくれるだろう。人間を謙虚に捉える上では、他の本を圧倒している。

## 永川玲二
『アンダルシーア風土記』

雄略天皇は『万葉集』で、野原で花を摘んでいる乙女に「名前を教えてください」と求愛する歌を詠んでいる。簡単に言えばメアドを交換しているわけだが、『アンダルシーア風土記』を読むと、このような求愛歌が世界共通の形式であることがよくわかる。『アンダルシーア風土記』には、次のような話がある。ある日、王様が散歩していたら川で洗濯しているきれいな乙女が大勢いて、そこで歌を詠む。すると、王様の歌に対して返答歌を詠んできた女性がいたのだ。このような状況は、『万葉集』などでもお馴染みの風景ではないだろうか。当時のアンダルシーアはヨーロッパのキリスト教国よりはるかに発展していたから、王様はみな自分の梨園を持っており、日々そこで歌を詠み合っていたという。

ところが、梨園を持っていたアンダルシーアの王様たちは、レコンキスタでヨーロッパ勢が攻めてくると、みな逃げていってしまった。すると、ヨーロッパの王様は残された梨園の女性たちに「私のところで歌ってくれ」と声をかけ、拉致してしまったのだ。ここからヨーロッパのトゥルバドールやミンネジンガーといった吟遊詩人が生まれたと言われている。ともあれ、この書を読むと、人間がいかに古代から変わっていないか、その共通点が理解され当時の人々に対して微笑ましい親近感を持つことができるだろう。歴史は本当に面白いと思える好著だ。

## 中村愿・著／安野光雅・絵
## 『三國志逍遙』

『三国志』は誰しも知っているだろうが、今回取り上げる『三國志逍遙』は安野光雅の挿絵が素晴らしく、絵本としても楽しめる本だ。これを読むと、意外なことが理解できる。例えば、日本では諸葛孔明という蜀の軍師が有名で、物語においても中心人物のように描かれている。先帝の劉備玄徳亡き後もその義に殉じて北伐を先導し、劉備の遺志であった漢の復興を企図するものの、最終的には敗れて五丈原で死ぬ偉大な人物だ、と。三国志を読んで、多くの人は、これほど立派な家来を持って劉備は幸せだっただろうなと思うわけだ。

ところが、著者いわく、当時の蜀で国民投票をすれば孔明はすぐにクビになるというのだ。なぜならば、当時の隣国である呉は蜀の倍、魏にいたっては4倍の人口があったのだ。つまり、魏の4分の1しかない小国が山道を通って攻め上がっても勝てるはずがないのだ。だから、蜀の民からすれば、負け戦に行くために夫や息子を取られ、しまいには死んで帰ってくるため、忠義心は著しく低下するわけだ。

つまり、夫や子供が戦死し、税金はますます重くなるため、蜀の民にとって何一ついいことがなかったのだ。そのため、国民投票をやるとすぐにクビになるというのだ。孔明はおそらく、歴史には名を残して後世で崇めてもらおうと、確信犯的に北伐に出たのだと思う。そういった事情を何も知らないわれわれは、彼を「立派な人だ」と誉めそやしているわけだ。歴史に対する見方が変わるとても面白い本だ。

経営と教養
Administration and Culture

Picker #2
# 楠木 建

情報それ自体には価値がなくなった
時代において、
教養は、情報や知識よりも
はるかに実践的で実用的なものである。

Ken Kusunoki／1964年生まれ。92年、一橋大学大学院商学研究科博士課程単位取得退学。一橋大学商学部助教授および同イノベーション研究センター助教授などを経て、2010年より一橋大学大学院国際企業戦略研究科教授 。専攻は競争戦略。著書に『ストーリーとしての競争戦略』『好きなようにしてください』『「好き嫌い」と才能』『「好き嫌い」と経営』『戦略読書日記』『経営センスの論理』などがある。

## 十冊のビジネス書より一冊の教養書

教養の獲得を目的とするならば、いわゆる「ビジネス書」や「経営書」のほとんどは役に立たない。もちろん優れた経営書は有用である。様々なアイデアや方法を提供してくれる。

しかし、教養とは本来、「その人がその人であるため」の知的基盤を形勢するものである。教養は人間の知的能力のもっと根本的なところに関わっている。それは要するに、「自分の言葉で対象をつかみ、自分の言葉で考え、自分の言葉で伝える力」である。

教養は、人間の思考や判断といった知的活動の中核となる。スポーツに喩《たと》えれば、野球、水泳、卓球、相撲、カーリング、種目が何であろうと、足腰の強さは基礎的な能力として役に立つ。足腰が強いだけでは勝てないが、足腰が強くなければどんなにその種目に固有のテクニックを磨いたとしても限界がある。それと同じである。

教養は、何らかの物事を前にしたときに自分が拠って立つ思考の基軸となる。判断に際しても、教養はその人に固有の価値基準を形成する。この意味での知的能力の「核」に影響を与えることができる本こそ、「教養書」と呼ぶに値する。

教養とは知識の量や範囲ではない。広範な知識や大量の情報を持っていても、まるで教養のない人はたくさんいる。ところが、多くの人は、教養を身につけようと思うと、情報や知識を幅広く、かつできるだけ多く身につけようとする方向に行きがちだ。

## 教養ほど実用的なものはない

具体的に、単なる情報と教養との違いを考えてみよう。情報はそれを得た後の「行動」につながらない。今日の円ドルレートが昨日よりも円高に動いていたとしよう。ニュースや新聞を見れば、この手の情報はすぐに手に入る。ああ、今日は円が少し高くなったな、と。しかしながら、情報が示せるのはあくまでもそこまでだ。情報にはそれ以上の意味や論理はない。

そこから先、何を考えどう行動するかは情報を受け取った人の知的能力に依存している。すなわち、受け手の知的能力によって、同じ情報であってもその後の成り行きはまるきり変わってくる。情報の先にこそ、その人の知的な行為や思考がある。

教養というと日々の生活や仕事といった具体的な局面では役立たない、フワフワしたものであるかのように誤解している人が多い。しかし、実際は正反対である。

プレゼンテーション・スキルを向上させるためのノウハウといった個別具体的な知識は確かに有用だが、それはプレゼンテーションをするときにしか役立たない。これに対して、教養にははるかに汎用性がある。どんな状況で、何に直面しても、教養を持つ人であれば、それを軸足にして考え行動できる。この意味で、教養は情報や知識よりもはるかに実践的で実用的なものである。

しかも、プレゼンテーションの教科書に書いてあるノウハウは、定型的・標準的な知識である。こと仕事においては、「人ができることを自分もできる」はゼロに等しい。標準を知っているというだけでは、知的な活動で独自の価値を生み出せない。

それに対して、その人が獲得し形成した教養は千差万別である。教養は人それぞれの固有性と独自性の源泉でもある。この意味で、教養が「その人がその人であるため」の知的基盤なのである。

## もはや情報自体に価値はない

ここで改めて確認しておくべきは、近年、情報の価値が急速に低減しつつあるということだ。かつては情報の獲得コストや流通コストは今よりもはるかに高かった。その時代には、他の人が持っていない情報を持っているだけで、それなりの価値があった。それが今では、円ドルレートはもちろん、ビジネスに関わるありとあらゆる情報が極めて低いコストで行き渡るようになった。つまり、情報それ自体には価値がない時代にわれわれは生きている。

ところが、先述したように、「教養を獲得する」という行為が、情報収集の速度を上げたり、情報源を多様化させるといった「量的な問題」にすり替わりがちである。情報を持つことそれ自体の価値が下がっているにもかかわらず、「量的」な方向に走ってしまう。これは実に皮肉な成り行きだ。

知性や教養の本質は、仕事や生活の中で触れるありとあらゆる情報から、いかに自分の考えを形成し、それを自分の言葉で語るかという質的な側面にこそある。

今回は、そのような意味で私自身のこれまでの知的活動の核となり基軸になった本を挙げている。いわゆる「ビジネス書」は一冊しか入っていないが、ビジネスパーソンが本来の意味での教養を身につける上で有意義なリストになっていると確信している。

## イアン・カーショー
『ヒトラー』〈上・下〉

ドイツ現代史の大家でナチズム研究の第一人者である歴史家、イアン・カーショーが書いたヒトラーの評伝。一読して驚嘆した。「全人類必読の遺産」と言ってもいいほどの価値がある一冊である。

言うまでもなくナチズムは20世紀最大の災厄だった。しかし、ドイツ第三帝国はある日突然現れたわけではない。ヒトラーが権力を掌握し、頂点を極めた後に奈落の底に落ちていくまでには長いプロセスがあった。小さなことの積み重ねの結果が大きな災厄をもたらした。著者の圧倒的な調査と見識のおかげで、この驚くべきプロセスをとっくりと追体験できる。全体主義とは何か、それがなぜ災厄をもたらすのかについて、立体的で奥行きがある理解を得ることができる。

歴史家として、著者はもともと特定の個人に焦点を合わせる「伝記」という方法に懐疑的だったという。本書にしても単なる評伝ではない。ヒトラー個人の行動が周囲にどのような影響を与えたか、あるいはヒトラー自身が時代の影響をいかに受けたかがこれ以上ないほど丁寧に描かれている。

歴史を知ることによって、今日的な様々な事象に対しても、自分なりの考えを持ち、自分の頭と言葉で判断し、行動することができる。本書には歴史的教養が詰まっている。

## サイモン・セバーグ・モンテフィオーリ
## 『スターリン―赤い皇帝と廷臣たち』〈上・下〉

前述の『ヒトラー』と合わせて読んでほしい。往々にして深い理解は比較から生まれる。スターリンは良くも悪くもヒトラーとは桁が違う人物であることが分かる。ヒトラーは言ってしまえばただのポピュリスト。潜在的にはどこにでもいるような人物だった。スターリンは正真正銘の「バケモノ」だ。ロシア革命や大戦をはじめとするありとあらゆる挑戦を受けつつも、最後まで独裁者として生涯をまっとうした。良し悪しは別として、「強いリーダー」とはこのような人物だと言えるだろう。

驚くべきことに、粛清された側の人々でさえ、最後までスターリンを尊敬していた事実が本書では明かされている。スターリンにひどい目にあわされた被害者でさえ、スターリンの死に直面して、「われわれは偉大なリーダーを失ってしまった」という強い喪失感を味わっている。

今から振り返れば、彼のやったことはとんでもないことの連続である。20世紀を代表する大悪人と言ってもよい。しかし、「本当に強いリーダー」が出てきたら、人間社会がどこまで振り切れることができるのか、その恐ろしさを本書は教えてくれる。

## 若桑みどり
## 『クアトロ・ラガッツィ』

16世紀日本の天正遣欧使節をめぐる歴史記述と考察。本書がとりわけ秀逸なのは、グローバル化の本質を浮き彫りにしているところにある。

当時のヨーロッパのカトリック教会が抱えていた問題は、対抗勢力としてのプロテスタントの台頭だった。そこで、彼らは海外の布教に活路を求める。すなわち、競合と内需の限界に直面してのグローバル化である。

ローマ・カトリック教会は、極東の地にある日本での布教に大成功し、その象徴として天正遣欧使節をローマに連れてきた。この出来事は彼らにとってグローバル化の「成功の証」だった。天正遣欧使節との接見に際して、ローマ法王は「生涯最高の日だ」と言ったとされる。

ところが、次第に日本の風向きが変わってくる。日本に派遣された宣教師、いわば「日本支社長」の明瑛の失敗により、日本のトップであった豊臣秀吉の怒りを買う。秀吉は最終的に、バテレン追放令を出し、キリスト教の布教を禁止する。その最中にローマから帰国した天正遣欧使節は、悲惨な最期を迎える。

この歴史的事例は、グローバル企業にとって深い教訓を与えている。詳しくは読んでもらうしかないが、経営のグローバル化がいかに属人的なものであり、それゆえリーダーの資質に左右されるかがよく分かる。

## モーム
## 『サミング・アップ』

知性の中核にあるものを教養と呼ぶならば、教養のさらに中核にあるものは人間洞察である。

小説の本領は、人間の本性を見つめることにある。優れた小説家は人間に対する洞察が群を抜いている。モームの『サミング・アップ』は、極上の人間洞察に溢れた一冊だ。

人間についての観察と考察を繰り返したモームが行きついた結論は「首尾一貫した人は誰もいない」。聖職者など、本来人間愛に満ちているはずの人が、時に信じられないような悪事を働く。自己中心的で悪いことばかりしている与太者が、ある局面では慈悲に満ちた人間愛を発揮する。それこそが人間だ、とモームは喝破する。

昨今の社会では人間についての前提が薄っぺらに過ぎると思う。暗黙の裡に人間の首尾一貫性が前提になっている。かつて真面目な校長先生がフィリピンで買春をしていたことが報じられ、世間に驚きをもって受け止められたが、「人間とはそもそもそういうもの」なのである。

経営には人間への理解と洞察が欠かせない。本書は〝綺麗ごと〟ではない本質的な人間理解を与えてくれる。

## アダム・スミス
## 『道徳感情論』

アダム・スミスといえば『国富論』。中学や高校の教科書で出てきた「神の見えざる手」というフレーズ一発で、スミスを市場万能主義者と誤解している人にこそ読んでもらいたい。

人の本性と人の世の本質を見据え、そこから人間行動のメカニズムを解き明かした知の巨人スミス。その本領は『国富論』よりも、むしろその17年前に出版された『道徳感情論』にある。

一般的に、資本主義と社会主義は二項対立で議論されがちだが、実は両者は相互補完的である。社会に共有された道徳感情の基盤なしには市場メカニズムは機能しない。ここに現在の行きすぎたグローバル資本主義の問題がある。資本主義の転換期にある今、きわめて重要な洞察に溢れている。文字通り蒙を啓かされる。

『道徳感情論』には、スミスの市場経済についての思想の本質が凝縮されている。現在の資本主義の問題の本質は、すべてここにあると言っても過言ではない。これからのあるべき姿を考える上でも、本書は依然として準拠点となる。

資本主義と市場経済の下に生きるすべての人にとって必読の書である。

## トクヴィル
## 『アメリカのデモクラシー』〈第一巻・第二巻〉

19世紀フランスの政治家だったトクヴィルは、フランス革命が実現した自国の「急進的な民主主義」に疑問を持ち、アメリカをじっくり視察する。そこにあったのは同じ民主主義でも似て非なる世界だった。

アメリカのシステムは、最小単位である「タウン（町）」を基盤としている。タウンでできるだけ自己充足的に物事が決まるのが望ましく、そこで決められなければ上位の「カウンティ（郡）」、さらには「ステート（州）」、「フェデラル（連邦政府）」へ上がっていくという分権的なシステムである。

トクヴィルは考える。フランスのようなトップダウン型の民主主義とは異なり、アメリカのようなボトムアップ型のそれに、本当の民主主義があるのではないか。同時に、トクヴィルはそうしたアメリカの民主主義の脆弱性にも目を光らせる。彼の洞察は、今のアメリカの強さと弱さを理解する上でも、依然として有効である。時代を経ても薄れないどころか、ますます光を放つ本物の教養がここにある。

本書から読み取ってほしいのは、異質な対象に対する観察の仕方だ。人間は自分と異質なものを見たときに思考を深める。トクヴィルのフランス革命とアメリカのデモクラシーを比較する態度は、教養人の最高の手本である。

## エドマンド・バーク
## 『フランス革命の省察』

トクヴィルの『アメリカのデモクラシー』と合わせて読むべき古典である。バークはイギリスの政治学者として、18世紀当時のヨーロッパにおいてフランス革命が持つ意味を省察した。フランス革命はたしかに民主主義を希求したが、その反面で「革命」ならでは、の負の面があった。

よく知られているように、本書は政治思想としての保守主義に一つの「骨格」を与えることになった古典である。

昨今の世論では、何かにつけて現状の問題点をあげつらい、それを「変革」「刷新」するという姿勢が尊重されがちだ。しかし、「単純進歩主義」は無教養の典型的な表れである。人の世のことである以上、「全面的に正しい」とか「全面的に間違っている」ということはほとんどない。

本当の意味での保守主義とは、単純に伝統を受け入れようとする姿勢ではない。むしろ、変化していくためにこそ、これまでの成り行きという「事実」に学ぶことが重要だとする立場である。人間が歴史上重ねてきた叡智に真摯に向き合う。そこに保守主義の優れた点がある。その基盤となった本書には、今後の社会の変化を考える上で重要な洞察が数多く含まれている。

## 井原西鶴
## 『日本永代蔵』

井原西鶴は江戸時代の物語作家というイメージが強い。しかし、彼は同時に「ジャーナリスト」でもあった。『日本永代蔵』は当時の種々の商売のケーススタディを通じて、商売の原理原則を考察する。

当時は「資本」の概念もないし、事例も素朴なものばかりだ。それでも、彼が論じているビジネスの論理は、現代のそれと本質的には変わりない。

どこかの田舎で少しばかりの酒を造って、六、七人の家族を養っていた男がいた。だんだんお金が貯まって勇躍江戸に進出する。しかし、江戸の競争はそんなに甘いものではない。あれよあれよと持ち金をすって落ちぶれてしまった。

要するに競争構造の話である。男が江戸に出てきたのは、田舎と比べて市場が大きく、お客さんの懐が豊かで、魅力的な市場に見えたからだ。しかし、田舎とは、同じ酒の商売でも、競争構造がまるで違う。これはまさにマイケル・ポーターが提唱する業界の競争構造分析のロジックだ。

商売の原理原則は昔からほとんど変わっていない。向こう100年先でもビジネスの基本原理は変わらない。AIやIoTといった、新しい「タマ」は次から次へと出てくるにしても、根本原理に変化はない。この根本的なところをつかむのが教養である。

## ハロルド・ジェニーン
## 『プロフェッショナルマネジャー』

今回のラインナップでは唯一の「ビジネス書」である。

特定の専門領域での技能を磨き上げ、CTOやCFOといったタイトルの仕事をしている人を「プロフェッショナル」として持ち上げがちだ。しかし、こうした人々は「スーパー担当者」に過ぎない。

著者は「経営者」と「担当者」の違いを強調する。「ジェネラリスト」というと専門性がないように聞こえてパッとしないが、本当の意味でプロの経営者はジェネラリストでなければならない。「ジェネラル」とはもともと「総覧者」を意味する。ありていに言って「大将」のことだ。

どこの学校を出てどこの会社で働いたなどということは、あくまで「経歴」である。経歴は担当者レベルの労働市場では価値がある。しかし、経営者は「実績」がすべて。著者は言う。「実績は実在であり、実績のみが実在である——これがビジネスの不易の大原則だと私は思う。ほかのことはどうでもいい」。これほど経営者という仕事の本質を正確に抉り出す言葉はないと思う。

本質的な原理原則であるほど、ともすると当たり前の話として受け流されてしまう。本書はこれでもかというほどきっちり文脈を押さえた上で経営者のあるべき姿を諄々と教え諭す。類書にはない迫力で五臓六腑に染み渡る。

# 石原莞爾
## 『最終戦争論』

戦前の陸軍参謀、石原莞爾は「帝国陸軍の異端児」と呼ばれた有名な人物である。講話をベースにした想像よりもはるかにコンパクトな本だが、その内容はと言うと、これが空前絶後のスケールの戦略構想である。

『最終戦争論』は、文字通り人類の「最終戦争」に向けて日本がとるべき戦略構想を思いっきりぶち上げる。絶対平和への唯一の道は、最高の戦術と最先端の兵器で最終戦争を行い、だれが世界を統治するのか、決着をつけるしかないというのが石原の基本的な世界認識である。

今聞けば、荒唐無稽でとんでもない話である。しかし、石原の戦略構想を当時の国際情勢や時代背景の文脈において考えてみれば、ナショナリストの大言壮語で片づけられないものがある。

石原には、クールでロジカル、リアリズムに徹した戦略思考の持ち主という正反対の顔があった。優れた戦略家の中にはホットなパッションとクールなリアリズムが常に同居している。徹底的にロジカルでなければ、ロジックで説明できないことの輪郭をつかめない。『最終戦争論』でのパッションの爆発も、その背後に冷徹なリアリストの眼があったからこそだと言えるだろう。

リーダーの条件である「構想力」について深く考えさせられる一冊である。

## 『古事記』

「出る杭は打たれる」とか「農耕民族」といった、よくある日本文化論はあまり信用しないようにしている。

「日本的経営」というのはその最たるものだ。実際、世界的に見ても、明治期の日本ほど金融資本主義的で労働流動性の高い社会はなかった。「アメリカのように長期雇用で労使一体の体制を作らなければ日本の重工業は発展しない」というのは、当時の日本での典型的な「日本的経営」に対する批判だった。今とまるで逆の話なのが面白い。

若い頃に文庫で読んだきりで、しばらくの間『古事記』を読んだことも忘れてしまっていた。しかし10年ほど前に、自分の人生にインパクトを与えた本は何かという話をしていたとき、大前研一さんがまっさきに『古事記』を挙げたのは意外だった。「日本人なら古事記を読め！」ということなので、真面目に読み返してみた。

改めて読んでみると、さすがに古典中の古典だけあって、日本とは何かを深く考えさせる内容である。「ギリシア神話」がヨーロッパ文化の基盤を示す古典だとすれば、日本でそれに該当するものが『古事記』。凡百の日本論よりも、まずは虚心坦懐に本書を読むことを勧める。

# 経済学
Economics

Picker #3
# 大竹文雄

人間は常に合理的な行動をする
生き物ではない。
このことを理解しなければビジネスは
できない。

**Fumio Otake**／大阪大学社会経済研究所教授。1983年京都大学経済学部卒業。1985年大阪大学大学院経済学研究科博士前期課程修了。大阪府立大講師等を経て2001年より現職。2014〜2015年、大阪大学理事・副学長。博士（経済学）。専門は労働経済学・行動経済学。2008年日本学士院賞受賞。主な著書に『日本の不平等』（日本経済新聞社）、『経済学的思考のセンス』（中公新書）、『経済学のセンスを磨く』（日経プレミアシリーズ）などがある。

## 環境の変化が速い時代にハウツー本は通用しない

ビジネスに携わる者であれば、一度は経済学書に目を通したことがある人も多いだろう。今回改めて経済学をリーダーの教養として伝えたい理由の一つに、現代社会においてビジネスや経営のあり方、また従業員の働き方が複雑化していることがある。

当然のことではあるが、リーダーは組織を運営する大きな役割を担っている。環境変化が著しい時代において、組織が作られたときには合理的だった仕組みや制度も、いつの間にか合理性を失っているかもしれない。環境にうまく適合しなくなっているかもしれない。そのときに時代との齟齬《そご》に気付き、改革を訴え、推進していくのは次の時代を担うリーダーの役割だ。

改革にはそれまでの運営とは異なった視点が求められる。例えばトップに立つ者は、ある分野に特化して専門知識を深めるのではなく、様々な分野に対して横串を通して見る必要がある。経営企画と人事制度など、事業部ごとに損得を分けるだけではなく、企業のビジョンを通じて組織全体の利益を生み出すような俯瞰する視点が求められる。

時間さえかければ、熟考を重ねて新しい最適なシステムへ組織改革ができると思いがちだ。しかし実際にはそううまくはいかない。他人は思う通りに動かず、現実を取り巻く環境の変化は速く、情報が不完全なもとで判断を下さなければならない。リーダー自身が適切な視点と戦略を持たなければ、誤った判断を下す可能性がある。

煩雑を極める組織の運営、改革に、生半可なハウツー本は通用しない。原理原則から学び、様々な現実の事象に応用できる経済学だからこそ、これからのリーダーは明日につながるヒントを手に入れられるのではないだろうか。

## 人間の不合理さが分からなければビジネスはできない

そもそも経済学とはどのような学問か。経済学は合理的な意志決定をするための「選択の学問」だ。文字通り、ビジネスにおいて選択を間違えると致命的になる。だからこそ「選択」についての解明が必要だ。経済学は、人々が、いつ、どこで、誰が、何を、なぜ、どのような方法で「選択」をするのかを解明する学問なのだ。選択の5W1Hを知るには、伝統的経済学と行動経済学の二つがヒントになる。それぞれを説明していきたい。

伝統的経済学は、情報を集めて、合理的な推論に基づいて、課題解決への最適ルートを求めるための学問であり、未来の選択をどうすべきか最適解を模索する。これが可能とされるのは、合理的な人、言い換えれば導き出した最短ルートを通ることができる人を前提条件にしているからだ。原理原則上の最適解を叩き出し、ベンチマークを知る点では伝統的経済学は必要な学問と言える。組織の経営理念やバリューなどのグランドビジョンを求め、システムを構築するのに有効だ。そもそもの目標、ベンチマークがなければ実務にブレイクダウンすることができない。

しかし世の中の多くの人は、合理的な行動を取る人ばかりではない。頭で理解できていても、行動は感情に左右されてしまうものだ。

そうした人々の行動を描写するのが、行動経済学だ。つまり、人がなぜ想定とは異なる道を選び、行動したのかを探る学問だ。そして得られた成果から、人が選択するときに囚われがちな思考におけるトラップの理屈、理論を解明する。

この二つをPDCAサイクルに当てはめると、伝統的経済学で決めた理想的な計画を考え、行動経済学的に実現可能な形に定式化し、実際に実施した結果を、行動経済学の観点からチェックし、計画の修正を図ることができると言える。

リーダーは両者を学ぶ必要がある。学ぶ順序はどちらでもいいが、リーダーのレベルによって求める思考スタイルは変わるだろう。企業のビジョンやバリューを打ち出し、時代に合った人事システム、経営戦略を企てるには伝統的経済学が適している。一方で、長時間労働の解消や日々の改善のノウハウなど、社内の小さな制度改革には行動経済学が役に立つ。後者はアジェンダが明確なものほど、より具体的に解決できるメリットを持つ。繰り返しになるが、両方の経済学をどちらも学ぶことを推奨したい。「両方」を強調する理由の一つは、伝統的経済学で捉える原理原則と、行動経済学で捉える現実のどちらが欠けても、学び手の社会に対する現状認識が偏ってしまうと考えるからだ。

経済学から「未来のことを選択するのか、過去に選択したことなのか」を学ぶと、ビジネスで成功の道を切り開く手がかりとなる。拙著『経済学のセンスを磨く』（日経プレミアシリーズ）ではレタス農家の経営を例に挙げつつ、経済学のセンスを持つと、個人や企業の判断が、果たして合理的判断かどうかチェックできるようになると説いた。過去に選択したが、現在の選択によって戻ってこない賃金や労力はサンクコストと呼ばれる。未来の選択を行う上でサンクコストを考慮しても意味がない。しかし、私たちは過去にこういう選択をしたのだから、それを続けるべきだ、と考えがちだ。サンクコストのバイアスから逃れることができれば、ビジネスに携わる上で有利に働く。なぜなら合理的判断は損得勘定に関わり、判断を下せるか否かによって、事業の利益を大きく左右するからだ。

リーダーの使命とは、組織を運営するだけではなく、社会自体を方向づける使命を担うこととなるだろう。企業の既得権を勝ち得るというよりは、日本の市場を活性化させることも期待される。そのためには個人の主義主張を熱く語るのではなく、個人の想いと合致する組織の理念やビジョンをクールな目線で合理的に捉え、判断し、代弁することが求められる。

人々の判断を鈍らせる材料は、あらゆるところに内在している。それらに囚われずに合理的な判断を下すために参考となる10冊を今回紹介し、リーダーがどのように思考方法、または視点を確立していけばいいのかを解説していきたい。

今回挙げたものは行動経済学に関する書籍が多い。原理が理解できれば、明日のビジネスシーンにも応用できるヒントが隠れているので、そちらも合わせて紹介したいと思う。

## ダン・アリエリー
## 『予想どおりに不合理』

「自分は頭が良いから、いつでも最善の選択を合理的にできる」と思っている人は多いだろう。そう思っている人にこそ、この本を読んでほしい。

家探しをしているとき、不動産屋がおすすめの物件を最初に紹介してくれないという経験はないだろうか。この一見不要にも見える方法を彼らが実践するのは「いくつか比較しないと判断できない」という人の特性があるからだ。他に、要らないものでも無料と言われるとつい貰ってしまうことや、ダイエットや宿題を先延ばしにしてしまう行動も、すべての人間に共通して見られる。

本書はこうした人間の意志決定における特性を明らかにするために、アリエリー教授が考えた実験とその結果を面白おかしく紹介したものだ。実は人間の行動には「どうしてこうなったのだろう」と後に考えてしまうような、思考の罠が存在する。この一冊を読むことで、自分の意志決定が本当に自分の意志か、もしくは、ある罠によって方向づけられたものかを判断し、自覚できるようになるだろう。ビジネスにおいても今後の方向性を左右するような大きな決断のときに、自分の判断は何に左右されているかを見極め、より良い決断ができるようになる。

またアリエリー教授の講演も興味深いので、ＴＥＤにアップされている五つの講演はぜひチェックしてもらいたい（https://www.ted.com/speakers/dan_ariely）。

## ダニエル・カーネマン
### 『ファスト&スロー』〈上・下〉

著者のカーネマンは2002年にノーベル経済学賞を受賞した人物だ。その功績は「行動経済学」を打ち立て、経済学界に大きな影響を与えたことにある。彼は、頭の良い人々を前提に構築された「伝統的経済学」に異論を呈した。頭の良い人、つまり合理的な人はいつでも的確な判断を下すことができ、非合理的な人との市場競争には常に勝つため、敗者の行動はなかったことにされてしまう。そのため、合理的な人の動きさえ摑んでいれば、経済の流れを捉えることができると考えたのが伝統的経済学だった。しかしもともと心理学者だったカーネマンは反論する。世の中には、合理的な行動を取る人がどれだけいるのか。それを説明できなければ、経済の取引を正確に説明することはできないのではないか。

例えば、人は拾得時の喜びよりも損失時の悲しみの方を二倍に感じる。そのため人は、確実に損することを嫌うあまり、大きな損をするかもしれないが損をしない可能性も秘める「リスクある選択」を選んでしまう傾向にある。ギャンブルで負けているときに「負けたままでは終われない」と、大穴を狙うのはこの特性に起因する。

こうした行動経済学の考え方が、見事なストーリーで書かれているのが本書の特徴だ。長文だが、トピックスごとに解説し、章ごとに完結しているため、テーマごとのつまみ読みもできる点は嬉しい。

## センディル・ムッライナタン&エルダー・シャフィール
## 『いつも「時間がない」あなたに』

私たちは追い詰められると、素晴らしい成果を発揮できる。しかし同時に、それ以外のことは目に入らなくなってしまう。貧困者が、貧困から抜け出ることができないのは、毎日のお金のやりくりに注意を集中させるため、長期的に有利なお金の使い方に気を向けられないからだ。これは貧困者だけでなく、高所得者にも言えることだ。例えば、仕事に集中しすぎると子育てや家庭生活を犠牲にしてしまうことがある。その集中した状態を、まるでトンネルの中にいるみたいに視野が狭くなり、先の出口しか見えなくなる状態に喩えて「トンネリング効果」と呼ぶ。

本書は、人が欠乏状態に陥ると優れた能力が発揮できると同時に、代償として失うものがあることを説得的に示しており、頼もしいことにそれへの対応策も提示してくれる。「トンネリング効果」を知ると、長時間労働を減らすべき理由も分かる。長時間労働で、一時の集中によって瞬発的な生産性を高めても、重要なことを無視してしまったり、自分の健康を悪化させてしまったりして、長期的な生産性を下げてしまうのだ。労働の集中を敢えて断ち切らせるため、インターバル時間の意識的な導入などが本編には挙げられている。もちろん、これは従業員だけの話ではない。リーダーこそトンネルに入ってしまうと、そのコストが多大になることを留意しておきたい。

## ウリ・ニーズィー、ジョン・A・リスト
## 『その問題、経済学で解決できます。』

両親の共働きが多い時代。保育園に子どもを預ける親も多く、仕事が忙しいあまりに、ついつい お迎えに遅れてしまうこともあるのではないか。そのような問題を、経済学的に改善しようとした例がある。それは遅れる親たちに3ドルの罰金を科すことだった。しかし結果は「安い金額で延長して預かってくれる」と遅刻者の数を増やすことになり、罰金制度を止めても遅れてくる親の数は元に戻らなかった。何が起きたのか。これまでは「遅れては保育園や子どもに申し訳ない」と罪意識が機能していたのだが、低い罰金制度を導入したことで「3ドル払えば、遅れることができる」という市場インセンティブに変わったのだ。

組織運営においては、インセンティブ設計が鍵となる。しかし罰金でなく報酬においても、「お金をたっぷり払うか、あるいは全く支払わないかのどちらかでないといけない」のだ。お金をうまく使うと、最初はお金目当てで行動していた人でもやがて習慣化し、お金という報酬がなくてもその良き習慣が継続することもあるというのも面白い。高い契約金を払っているからとジムに通っていたのが、やがて健康維持を目的に通うようになるのと同じだ。人はどのようなインセンティブを求め、どのように動くのか。その問いに対する答えを、著者は実験を重ねて求め、本書にまとめた。この一冊は組織のインセンティブを見つける手助けになるだろう。

## 鈴木亘
## 『経済学者　日本の最貧困地域に挑む』

とある会議での傍聴席から、怒号が飛んできた。

「特別顧問は、大阪市からいくら給料をもろうとるんじゃい！　わしらの税金から出てるんやろ！　オイ！　給料がいくらか言うてみぃ！」

「無給だよ！」著者である経済学者は、そう答えた。

本書は、著者の鈴木亘氏が日本の最貧困地域の改革案に、無給で取り組んだ3年8ヵ月の全記録だ。当時の大阪市長、橋下徹からの指名で、鈴木氏は日本最大の日雇い労働市場がある大阪市西成区釜ヶ崎「あいりん地域」の改革を担当した。当時、会議では活動家からの野次、罵倒の嵐。協力し合うべき釜ヶ崎反失業連絡会からも反発を喰らった。問題は、地域の意見を集約する難しさから、行政と住民の間に不信感が生まれたことにあった。鈴木氏は彼らの望んでいるもの、インセンティブが何かを丁寧に洗い出し、彼らが動きやすい環境をつくることに集中し、地域民から信用を徐々に勝ち得ることで改革を進めた。結果、覚せい剤の売人たちは街から姿を消し、不法投棄のゴミも一掃された。

集団の意思決定で最も難しいのは、相互がフラットな関係のときだ。その中で意思決定をするリーダーになるためには、ロジカルに状況を分析し、周りの信頼を勝ち得るべく、戦略的に行動する必要がある。本書は事業改革の記録以上に、リーダーが困難な状況下で組織運営をどのように進めるか、難題克服のノウハウが集積された一冊と言える。

## 坂井豊貴
## 『多数決を疑う』

集団で何かを決めるとき、安易に多数決で決めたりしていないだろうか。多数決は民主主義的な決め方と私たちは考えがちだが、本当にそうだろうか。集団の意思決定方法を理論的に考える「社会的選択理論」がある。この分野で国際的に活躍する著者の坂井氏は、最先端の研究をもとに、多数決は弱点を持った方法だと説いた。

例えば、選択肢A、B、Cがあり多数決でAに決まるとする。しかしBとCを足した「Aに反対する」意見が「Aに賛成する」よりも多いという矛盾が発生する。そこで坂井氏はより優れたものとして「ボルダルール」を勧めた。これは選択肢が三つあれば、1位に3点、2位に2点、3位に1点と配点して投票させ、得点の総和で選択肢を順位づける。すると選択肢の中の優先度が判明し、最も望ましくない選択肢を外すことができるのだ。

大阪市廃止の是非に関する住民投票でも、賛成・反対ではなく、現状維持・総合区構想・大阪市解体という三つの案についてボルダルールで投票させれば、より正確な民意を反映させることができたのではないかと、著者は自身のブログで述べている。

集団で意志決定をする際、異なる多数の意志を一つに集約しなければならない。その点ボルダルールは、人々の細かな心の表れも反映され、より段階的な意志決定ができるのだ。本書を読むと、当然のように用いてきた多数決への考え方を改めさせられる。

## 齊藤誠
## 『経済学私小説 〈定常〉の中の豊かさ』

「お前は、前に進んでいない」とランニングマシーンで走っている人に指摘する人がいたら滑稽だ。機械のベルトの上で走っている人は「走り続けて、やっと同位置にとどまることができる〈定常〉状態にある」のだと著者は言う。走者は日本経済そのものだと。

本書は、21の短編を収録する私小説だ。物語では主人公で経済学者の戸独楽《とこま》戸伊佐《といさ》氏が失踪する。残された小説原稿を、出版社の編集者で経済学の博士号を持つ立退《たちのく》矢《や》園《その》氏が編集する過程で作中作に挙げられる経済学的事象を解説していく。扱われているテーマは、経済成長の意味、人的資本、失業率、株価、原発事故、震災復興など幅広い。小説には世の中の動きの背後にある経済学的論理を、ストーリーで理解できる巧みな仕掛けが隠されている。

著者は常にデータと向き合い、研究を続けてきた経済学者だ。厳しい現実を突きつける研究結果をそのまま伝えても、大衆には受け入れられない可能性が高い。しかしフィクションならば第三者の立場で冷静に理解してもらえるかもしれない。

労働環境や賃金が改善されない日本経済に、不満を抱く人がいる。しかし、日本経済は外から見れば前に進んでいなくても、内部では活発な新陳代謝が起きている。そこで生きていく意味を私たちは理解すべきだと、著者は本書を通じて伝えようとしている。

## レイ・フィスマン、ティム・サリバン
## 『意外と会社は合理的』

あるソフトウェア会社がプログラマーの報酬に、バグ（プログラムミス）修正の件数を反映させると、バグの発生件数はむしろ増えてしまった。本書は、この例のような誤ったインセンティブ設計の事例を多く取り上げて、経済学の成果を解説している。

インセンティブ設計は難しい。目的に沿って従業員が働くように、組織は様々な制度を持つ。しかし煩雑な日々の業務において、単純な業務指標ではその成果を評価できないことが多い。中には冒頭の例のように、制度の裏をかいて私的利益を上げようとする者も出て、組織理念に忠実な人ほど不満を抱えるだろう。しかし、いくら緻密な制度設計を打ち立てても、すべてを監視することはできない。こうした問題は、組織を運営する上で必要なコストであると本書では論理的に説明している。

業務が明文化されたルールや制度から逸脱したとき、人々の行動を方向づけるのは、ビジョンなどの組織文化だ。組織のリーダーであるＣＥＯの役割は、情報を集め、組織文化を従業員に伝えること、そして組織内の文化の醸成を図ることにある。監視をしなくても、従業員がビジョンに合った行動を取ることができるか否かが、組織の効率性を左右する。

組織を運営する立場の人も、中で非効率性に疑問を感じている人も、本書を読めば納得できることが多いはずだ。複雑な会社という組織も、経済学の目で見ると違って見えてくるかもしれない。

## ルイジ・ジンガレス
## 『人びとのための資本主義』

資本主義を支持する人には2パターンある。新規参入を促進させて競争を活性化させることを重視する市場派と、企業の利益を重視する企業派だ。多くの人はこの二つを同一視しており、日本の市場も例外ではない。しかしこの二つは、メリットを得られるのが労働者・消費者か、もしくは企業かという点で大きく違うため、対立することも多い。アメリカの場合は市場派が優勢であり、それが彼らの資本主義の良さでもあった。しかし、10年近く前の金融危機では、その発生に大企業が加担しておきながら対価を支払わなかったどころか、公的資金で救済されてしまった。企業派が、アメリカの市場において既得権を勝ち得ることとなった。これを契機に民衆の怒りが沸点まで達し、大衆運動にまで発展した。「アメリカの民主主義の均衡が根本から変わって」いくことに著者は大きな怒りを感じ、民衆が「現在あるアメリカの資本主義をやめてしまう道を選ぶこと」に恐れを感じている。

著者はその変遷を止められなかった自分たち、専門家をも批判した。本来であれば、市場の活性化にはどうすべきかを説く彼らが、専門分野の既存企業に既得権を持ってしまった。結果、市場派から離れ、国民の不信感を煽ってしまったのだ。本書ではアメリカの諸問題を解決する具体的な処方箋を述べているが、昨今ニュースを賑わす「トランプ現象」の背景にあるものを読み解くにも有効な一冊と言える。

## 鶴光太郎
## 『人材覚醒経済』

2050年における日本の家庭の風景。そこには出世の可能性が高い妻の代わりに、短時間正社員に雇用を切り替えて、家事や育児を担当する夫が描かれる。この光景は、本書で提案されている「多様な働き方改革」が進めば実現可能だと著者は語る。

現在の日本の労働市場における諸問題は、勤務地・職務・労働時間が限定されていないことから引き起こされているというのが著者の見解だ。

では今後、明確な職務・限定的な勤務地・時間内労働が前提のジョブ型の正社員をデフォルトとする働き方へ変えたらいいのではないかと著者は提言する。自らの実証分析の結果から、ジョブ型へと転向しても、賃金は低くなるが満足度は変わらず、ストレス度合は低いという特徴があることを見出した。

雇用制度を根本から変えるのは容易ではない。しかし私たちの労働体系は法的に定められているのではなく、慣行によるものであり、「雇用制度改革の岩盤は、個々の労働規制というよりは、むしろ我々の心の中にある」のだと著者は指摘する。

この政策提言は、著者が国の制度を熟知した上で、研究を重ねて得たエビデンスに基づいて書かれている。制度改革で日本の人材を覚醒させたいという熱い思いは、本作の随所で感じられる。クールヘッド・ウォームハートという言葉がよく似合う本だ。本旨への賛成反対はさておき、読了後に読者は、働き方に関する現状の諸問題を見通せるようになるだろう。

# リーダーシップ
Leadership

Picker #4
# 岡島悦子

リーダーシップに必要な「人間理解」を
古典からは多く得られるが、
現実の自分の状況に落とし込んでいく
姿勢も忘れてはならない。

Etsuko Okajima／三菱商事、ハーバード大学MBA（経営学修士）、マッキンゼー・アンド・カンパニーを経て、2002年、グロービス・グループの経営人材紹介サービス会社であるグロービス・マネジメント・バンク事業立ち上げに参画し、2005年より代表取締役を務める。2007年に独立し、経営者育成を手がけるプロノバを設立。アステラス製薬、丸井グループ、ランサーズ、セプテーニ・ホールディングス、リンクアンドモチベーションの社外取締役も務める。著書に『人脈力』（東洋経済新報社）がある。

## リーダーが古典を読む意義

リーダーシップの学び方には3種類ある。「(1) 古典的ビジネス書」「(2) 同時代のビジネス書」、それから「(3) 経験」である。結論的に言えば、リーダーシップを学ぶ上で自らの経験以上の「教材」はない。しかし、書籍だからこそ学べることもある。では、書籍を通じてリーダーシップを学ぶ意義とはなんだろうか。

まず、リーダーシップ論の「古典」を読む意義を考えてみよう。それらは長い年月をかけて数多くのビジネスパーソンに読み継がれてきただけあって、得るところが多い。古典に含まれている理論は、リーダーシップの「普遍的な解」を示しており、不確実なビジネス環境下での参照すべき「モノサシ」を教えてくれるのだ。だからこそ古典に書かれている知識は「耐久性」を持つ。流行りの知識やノウハウは往々にして、状況が変われば陳腐化することが多い。一方、長年ビジネスパーソンの眼力に耐え続けてきた古典的知識は風化しづらく、これからも有効であり続ける可能性が高い。さらに、古典に見られる鋭い人間洞察も重要だ。リーダーシップは「戦略×実行力」によって発揮されると私は考えるが、戦略を実行する上では組織を動かすことが絶対的に必要になる。そのため、組織に属する人たちに対する「人間理解」が不可欠だ。この点についても、古典から得られる示唆は多くある。

しかしながら、古典を読む際には注意も必要だ。いくら古典に書かれた内容が深くて示唆に富んでいても、読む人それぞれの「特殊」なケースや状況に必ずしも当てはまらない場合があるからだ。言うまでもなく、リーダーシップに関しての議論は、単なる「机上の空論」に終始してしまっては、何の意味もない。それは、あくまで組織を牽引することに現実に使われてこそ意味を持つ。古典に書かれた「普遍的法則」を頭に入れつつも、絶えず現実の具体的状況との往復の中で、自身の中に落とし込んでいく姿勢が欠かせない。

## 「自分ゴト」として読まなければ意味がない

そして、日々の具体的な状況においていかなるリーダーシップを発揮すべきかを、より具体的に学べるのが、同時代のビジネス書である。古典とは異なり、同時代の特定企業に関する「教訓」が得られる上、よりリアルに個別企業のリーダーシップを〝追体験〟できるのだ。

また、その多くが「伝記」のスタイルで時系列的に書かれており、自分自身だったらどうするかを考える「ケーススタディ」として読むこともできる。

ここで注意しておきたいのは、古典にせよ同時代的なものにせよ、ビジネス書を読む場合に最も重要なことは、書かれている内容をどれだけ自分の身に引きつけて、「自分ゴト」として捉えることができるかどうかだ。

誰か高名な経営学者の古典を読むこと自体が素晴らしいのではなく、また何らかの美しい理論を知っていることそれ自体が素晴らしいのではない。同様の場面、ケースにおいて、自分自身であればどのように意思決定をするだろうかと思考することにこそ、本当の意義がある。リーダーシップを学ぶ者は、このことを決して忘れてはならない。

## 「我流の塊」から脱却せよ

リーダーシップを学ぶために、書籍は役に立つ。しかし、リーダーにとって何よりも大事なものは「経験」だ。経験があってこその、書物であり、経営学である。

そもそも私は、経営学という学問を全く実務的なもの、経験主義的なものとして捉えている。それは、失敗を学ぶ学問であり、どのように成功確率を上げていくかを探究する学問である。言うまでもなくリーダーシップは経営学の中核に位置する概念であるが、これもまた経験を通じてこそ深く理解することができる。ただし、それを学ぶ場は何も企業の中だけに限らない。例えば、マンションの管理組合やＰＴＡといった生活の場面においても、ビジネスに活きるリーダーシップの〝疑似体験〟ができる。ビジネススクールで取り組む「ケース」などもこれに近いものと言えるだろう。ともかく、このような成長や活躍の機会にリーダーシップを「実践」することを通じてのみ、人はそれを磨くことができる。

書籍を通じてリーダーシップを学ぶ意義は、あくまで経験による学びを「補完」することにあるのだ。では、なぜ読書による補完が必要なのだろうか。

キーワードは「我流の塊」だ。すなわち、自分が正しいと決めた方法論にいつまでも固執する姿勢のことだ。日々の業務においてリーダーシップを体系的に学ぶ機会は限られるため、多くの人は、ある時期に覚えた手法をいつまでも貫く「我流の塊」になってしまうことがある。しかしながらその方法が、日々変化するビジネス環境においていかなる条件下でも有効かというと、そんなことはない。あくまでもその「我流」は、ある特定の条件下においてのみ適用できるものにすぎない。だからこそ、リーダーには自らのリーダーシップの手法を相対化し、状況に応じて使い分けていく能力が不可欠だ。これは、「条件的合理論（シチュエーショナル・リーダーシップ）」と呼ばれている。いかなる時間軸の中でどのような能力を持った部下をマネージするかに応じて、取るべきリーダーシップの形が変わるという考え方だ。

私は、経営上の危機とは、個々の状況や条件の無数の組み合わせによって起こる〝合併症〟のようなものだと考えているが、この合併症にはケースバイケースで対応するしか方法がない。とりわけ現代のように目まぐるしく変わる経営環境においては、それまで正解とされてきた「定石」がいつまでも通用するとは限らない。

だからこそ現代のリーダーには、その時々に偶発的に起こる〝合併症〟に対して取るべきリーダーシップを見極め、必要に応じて従来の組織習慣を柔軟に変化させることが求められる。そのためには、古典に見られるような「普遍的な解」だけではなく、その都度の仮説構築と検証のサイクルが必要になるのは自明の理である。

リーダーシップには、いつ何時でも当てはまる「万能解」など、存在しないのだ。

## ジョン・P・コッター
## 『企業変革力』

この本は、リーダーシップを八つのステップに分けて説明している点がユニークだ。これは現在のビジネススクールにおいて「王道のステップ」と言われ、定評のある考え方である。ただし、いくらその主張が正しくとも、コッターのこの知見を実行に移すのはなかなか難しい。

例えば一番目の教えには、「企業内に十分な危機意識を生みだす」とあるが、JALなど多くの企業がこれに苦戦してきた。災害などの非常時はともかく、平時から現場の従業員が強い危機意識を持つことは難しい。危機を感じてこそ組織が変わるというのは人間の「性《さが》」として正しいのだが、雇用流動性の低い日本でそれがどこまで現実的なのかについては、議論の余地があるだろう。この本を読む際には、ぜひその点を注意しつつ読み込んでほしい。

社会心理学者レビンが提唱した「変革理論」によれば、組織が変化する際には「解凍」「変革」「再凍結」の3段階を経る。すなわち、現状のあり方を「解凍」して「変革」し、そして新たな体制へ「再凍結」するのだ。組織を解凍するには「フォロワー」を増やしていくことが肝要だが、この好例がJAL入社時に現場のメンバーに感謝の手紙を書いた稲盛和夫氏だ。なお、2012年のコッターの『第2版 リーダーシップ論』には、八つのステップの〝落とし穴〟が書かれているため、余力があれば、ぜひ合わせて読むことを薦めたい。

## 野田智義・金井壽宏
## 『リーダーシップの旅』

日本におけるリーダーシップ論の大家たる金井壽宏《としひろ》氏と、社会起業家の育成に携わる野田智義《ともよし》氏による共著だ。2007年の本だが、すでに古典になりつつある名著だと言える。序論の分類で言えば、「追体験」するタイプの書籍ではあるものの、リーダーシップ論に通暁した金井氏が執筆していることもあり、かなり体系的な知識を習得することも可能だ。新書でありながらも驚くべき内容の濃さになっている。手軽なところから学び始めたい人にお薦めだ。

この本の主張はきわめてシンプルである。それは、「生まれながらのリーダー」など存在せず、リーダーとはあくまでも「なるもの」なのだという主張だ。

例えば、社長になろうとして社長という「地位」につくことは可能だろうが、それがそのままリーダーであるというわけではない。リーダーとは、結果的に「なっているもの」あるいは「なってしまっているもの」である。かつ、リーダーになることそれ自体が「目的」であってはならない。

比喩的に言えば、両氏が念頭に置くリーダー像は、あたかも〝桃太郎〟のような存在である。生まれたときには小さくて力もなく、「フォロワー」さえいなかった存在が、その後自らの使命を認識して強くなっていく。

なお、私自身もリーダーシップに関する講習をする際には、この本を導入として読むことを薦めている。

## ジム・コリンズ
## 『ビジョナリー・カンパニー2　飛躍の法則』

ジム・コリンズの数ある著作の中で一冊選ぶとすれば間違いなくこの本がお薦めだ。私自身も事あるごとにこの本を読み返しては、その度に共感を覚える箇所に出会う。それくらい発見に満ちた本である。

この本には、会社のビジョンを作ることの意義が書かれているが、なぜ企業にはビジョンが必要なのだろうか。なぜなら、ビジョンは、組織を動かすリーダーが「フォロワー」を作っていくときの「共通言語」になるからだ。

会社が成長していくと、事業ドメインをピボット（方向転換）することもあるが、その際にマニュアル的に〝管理〟すべきではない。それよりも重要なのは、会社のビジョンを徹底的に考えることである。すなわち、なぜ自分たちはこの事業を始めようとしており、会社はこれからどこに向かおうとしているのかについて、社員の皆で共有して集約する姿勢が欠かせない。そのような議論は管理よりも一層、組織をまとめることに寄与するはずだ。

ぜひ社内で読書会を開いて皆でこの本を読んでみてほしい。リーダーであるかを問わず、読む人の置かれた状況に応じて、自分が何をすべきかを考えるキッカケになるからだ。なお、「同じバスに乗せる」や「ハリネズミ的状況」などの分かりやすい比喩表現を通じて、リーダーシップ論において重要な考え方を学ぶことができるのも、この本の魅力だ。

## ラム・チャラン
## 『徹底のリーダーシップ』

これは、戦略人事の世界的な権威たる著者が、企業統治（コーポレート・ガバナンス）がどうあるべきかについて、取締役会などの具体的な場面に即しながら鋭い分析を展開している本だ。

この本が興味深いのは、サプライチェーンやCFO、あるいはマネジメントレベルなど、バリューチェーンに応じたリーダーシップの取り方が考察されている点である。一般に、ビジネス書において「リーダーシップ」と聞くと、会社の代表としてどう経営の舵取りをするかといった論点が主となるため、現場レベルの従業員には「遠い話」に見えてしまいがちだ。

ところが、この本では必ずしもリーダーシップをCEOの立場から考えていない。その点が実に面白く、この本を特異なものにしている。また、2009年刊行ということもあって、現在に照らしても十分説得力のある内容になっている。2008年のリーマンショック後の企業統治という重大な問題意識をここに読み取ることもできよう。

これが「入門編」だとすれば、その後に刊行された『取締役会の仕事』では、取締役会におけるリーダーシップが集中的に論じられている。例えば、CEOを解雇する場合などを例にしながら、リーダーのあり方を説いている。昇進のタイミングなど、ポジションが移り変わるときに適宜参照すると役立つはずだ。

## 冨山和彦
## 『結果を出すリーダーはみな非情である』

冨山和彦氏の著書はどれも読み応えがあるが、とりわけ若手のリーダーが読むべきはこの本だ。「30代から鍛える意思決定力」との副題が付けられたこの本は、まさしくこれからのリーダーが読むべき本だ。

本書の中で、冨山氏は、多くの会社において若いうちからリーダーシップを取ることはできると主張する。そして、いつそのタイミングがきてもいいように、日頃から準備をしておくべきだと述べる。役割や地位によらずして、自然発生的に出現するリーダー（エマージェントリーダー）のほとんどは、ミドルマネジメントであることが多い。そのようなリーダーたちが何をすべきかについて、JRの改革の事例などを引きつつ、具体的に語られていく。日本企業の事例が多数盛り込まれているため、とても読みやすい。

よく、「私には役職がないのでリーダーシップが取れません」と〝言い訳〟をする人がいるが、そのような〝寝言〟に対する解は、この本に書いてある。実際に日本企業で起こった変革事例を取り上げつつ、それを主導した30代のミドルクラスがどのようにトップと現場とを繋ぎ、組織を動かしていったかがよく分かるのだ。そうしたリアリティにあふれる記述を通じて、若手のビジネスパーソンも「生ぬるい言い訳などしている場合ではなく、時間を無駄にしてはならない」という明確なメッセージを読み取ることができるはずだ。

## 内村鑑三
## 『後世への最大遺物』

この本で語られることは、いわばマズローの欲求階梯の最上位概念、すなわち自己実現とは何かについてである。あるいは、自己実現のもっと先にある「何か」についてだ。この本は、そもそもリーダーシップが何のためにあるのかを考える上で、最適と言える。おそらく、リーダーシップの存在意義あるいはリーダーを務める意味は、承認欲求では説明しきれない。企業の代表を考えれば分かるように、たとえどれほどの承認を得られようとも、そこにのしかかる責任は重大であり、釣り合うようには思えないからだ。リーダーたるものは、自己の承認を超えた「何か」——それは「大義」と言ってもいいかもしれない——に突き動かされてリーダーシップを発揮できるのである。

だからこそ、内村の講演タイトルが示す通り、「後世への最大遺物」を配慮し、自分の「エゴ」ではない「レガシィ」を見つける姿勢こそが、リーダーに欠かせない。内村自身もこの講演で、キリスト教と日本といういわば「二つのJ」について考え抜いていた。この両者を媒介にして、自分は何のためにリーダーとなったのか、そのことを強い説得力とともに述べている。自分が進むべき道に迷ったときなどにこの本を開くと、心が洗われるような思いがするはずだ。この本は、次なるリーダーにとっての「羅針盤」や「道標」となるだろう。

## クレイトン・M・クリステンセン、ジェームズ・アルワース、カレン・ディロン
## 『イノベーション・オブ・ライフ』

これは、『イノベーションのジレンマ』で知られるクリステンセンによる最終講義録だ。彼は、心臓病、ガン、脳卒中といった複数の病を経験し、最終的には言語中枢を傷めてしまう。そして、そのような厳しい状況から復帰して考えたことが、本書では語られている。内容的には内村鑑三の議論に近いが、彼の場合は敬虔なモルモン教徒であるという違いがある。

この講義で彼は、「あなたは、死ぬときに天国の門で何と言われたいか」と聴衆に問いかける。あなたはキャッシュを誰よりも持っているから天国に行かせてもらえると思うだろうか、あるいは資産をたくさん持っているから天国に入れると言うだろうか、と。それについて、ぜひ一度思いをめぐらしてみてほしいと訴えかける。要するに、自分を突き動かす原理的なもの、すなわち「モノサシ」が何であるかを突き詰めよということだ。経営は単に私利私欲のためにあるのではないし、組織は常に何らかのミッションのために存在している。『ビジョナリー・カンパニー』の議論を彷彿させるが、リーダーがいかなる「指針」を持っているかが、その組織の今後を大きく左右するのだ。

ここまでくると、もはやリーダーシップ論というよりは、キャリア論あるいは人生論と言ってもよいのかもしれない。この講義録には刮目すべき箇所が多く含まれており、次なるリーダーにはぜひ手に取ってほしい。

## リンダ・A・ヒルほか
## 『ハーバード流　逆転のリーダーシップ』

これは有無を言わせぬリーダーシップ論の名著だ。昨今のダイバーシティをめぐる議論も踏まえつつ、リーダーシップとイノベーションが交わるところで、「非カリスマ型」のリーダーについて論じられている。

本書の中核的な主張は「リーダーとは、自らが組織を先導して引っ張っていくというよりも、成員それぞれがイノベーティブに活動できるような環境を整える『培い型』であるべきだ」というものだ。これこそ、「逆転のリーダーシップ」と言われる所以である。

本書で著者は、顧客とともに競争を作るべくリーダーシップを取る会社は成功していると述べ、200社ほどの調査対象の中から、ピクサー、グーグル、フォルクスワーゲンなど12社のケースを紹介している。多数の事例が記されているため、大変読みやすい。

ビジネスモデルのライフサイクルが日に日に短くなっている現代において、イノベーションを生み出すには総力戦が必要になる。それを端的に表しているのが、本書の原題でもあるCollective Genius（集合的天才）という言葉だ。チーム戦で結果を出すために必要なリーダーシップは、個々人の意欲とスキルを最大限に活かすことである。そのためにリーダーは、どのようなスピード感でどのような施策をとるべきなのか。そのヒントが本書には多く詰まっている。

## ラズロ・ボック
## 『ワーク・ルールズ！』

本書では、グーグルで人事責任者を務める著者が、グーグルで実施している人事制度を事例にしつつ、新しい働き方について考察している。新しい組織をいかに作っていくかを知るためにも、リーダーシップを学ぶ者は目を通しておいた方がいい。

優秀な人材を各社で奪い合う「獲得競争」が起こるときに、リーダーには何が必要なのだろうか。それは、最も才能のある人たちを集めて、その人たちが最も活躍できる空間や環境を整備していくことだ。それを実践している代表例としてグーグルの取り組みは示唆に富んでいる。むろん、ここに書かれていることをすべて日本企業が応用できるとは思わないが、組織運営についての重要なエッセンスとして学べることは多くある。

また、環境を整備するだけでなく、文化の存在も重大だ。「グーグラー」と言われる企業風土を形成することで、ますます優秀な人たちが集まっていく構造が、グーグルにはある。

他の選書で組織論のフレームワークやケーススタディを学んだ後は、より踏み込んだ形でグーグルという会社を事細かに見ていくと、理解が深まるだろう。優秀な人の集め方をはじめ、従業員のリテンション（維持）の仕方など、具体的なティップスも盛り込まれている。

## リンダ・グラットン、アンドリュー・スコット
## 『ライフ・シフト』

この本は、今後長く読み継がれていくであろう名著だ。著者は、寿命が延びて「人生100年時代」が到来する中で、「企業の寿命」よりも「個人の寿命」が長くなる時代が来ると主張している。

では、「人生100年時代到来」がもたらすインパクトとは何だろうか。

働く側からすれば、同じ仕事をずっと続ける「一毛作」から、「三毛作」のように仕事を切り替えて生きていく人生の可能性が出てくる。そのような時代においては、組織を牽引するリーダーシップにも変化が生じるだろう。

おそらく個人と組織の関係性は今後、著者が言うように、より「対等」になっていくだろう。つまり、組織に選ばれるだけではなく、個人が自らの人生計画に応じて組織を自由に選んでいくイメージだ。すると、インセンティブの作り方も変わってくるし、リテンションの設計も考えなければならない。さらに、人生の計画が多様化するがゆえに、従業員が働くモチベーションの源泉にも多くのパターンが出てくるだろう。そのような組織を引っ張るリーダーは、報酬に限らない多様な「モノサシ」を理解しなければならない。

リーダーシップは、多様な人々を理解することから始まる。個性ある人間をまとめ、組織して事業を行っていく上で、人間に興味のないリーダーにリーダーシップを発揮することは不可能である。

## 日本近現代史
Japan Modern History

Picker #5

# 猪瀬直樹

リーダーを目指す人間にとって、
読書は不可欠だ。
読者に時間もコストもかけない人間は、
絶対に出世しないと言い切れる。

Naoki Inose／1946年長野県生まれ。1987年『ミカドの肖像』で第18回大宅壮一ノンフィクション賞受賞。2002年6月小泉純一郎首相の下で道路公団民営化委員に就任。2007年6月石原慎太郎東京都知事の下で副知事に就任。2012年に東京都知事に就任、2013年12月辞任。現在、日本文明研究所所長、大阪府市特別顧問。主著に『昭和16年夏の敗戦』『天皇の影法師』『道路の権力』『日本の近代　猪瀬直樹著作集』（全12巻、小学館）がある。最新刊は『東京の敵』（角川新書）。

## 読書に時間もコストもかけない人間は絶対に出世しない

リーダーを目指す人間にとって、読書は不可欠だ。人間は、30歳までにどれだけの本を読んだかによって、その後の情報収集力が決まる。思想や世界観が固まっていない20代までが勝負だ。それまでに読んだ本は、必ず〝知識のインデックス〟となって、自分の中に蓄積されることになる。このインデックスが多ければ多いほど、情報も集めやすくなるし、情報とクズとの見分けもつくようになる。グーグルなどの検索エンジンがいくら発達したとしても、自分の〝外〟でなく、自分の〝内〟に情報インデックスがあることが大切なのだ。読書に時間もコストもかけない人間は、絶対に出世しないと言い切れる。

本の中でもとくに読むべきは、古典だ。古典と言うと大昔の本みたいに思われるかもしれないが、自分が生まれる前に書かれた本は、読む人にとってはすべて古典になる。極端に言えば、生まれた後のことであれば、本で読まなくてもある程度は実感で分かってしまう。ところが、生まれる前、過去や歴史を知るためには想像力が求められ、読書をする必要がある。自分の知らない時代に書かれた本を読むことで、その時代と比較した意外な〝今〟も見えてくる。私が今という時代について論じることができるのも、20代の頃に本を買うお金を惜しまなかったからだと思う。

自分が生きている社会が歴史の中でどういう位置づけにあるのか、そして現状の社会システムの全体像を捉えて自分がどこにいるかを知る。そうした知的作業を行うには、長い歴史の風雪に耐えてきた古典や、歴史の本を読むのがいい。そうした本は、一般的なビジネス書に比べると、消化しにくいものも多いかもしれない。そのためには多少の筋トレも必要になる。肉体と同じで筋力をつける時期は20代、知性の「筋肉」も時期を遡っては身につかない。

## 自分のアイデンティティを知るためには、三代以上遡らなくてはならない

読書の中でも、とくに歴史を学ぶことを薦めるのはなぜか。それは、歴史を知ることは、われわれがなぜ現在ここに立っているのかを知ることにつながり、さらに自分自身を知ることにつながるからだ。

ふと自分は何のために生きているのかと考えたとする。しかし、自分のアイデンティティを見つけるためには、三代以上まで遡らなくてはいけない。また、例えば日本の近代とは何かを知るにしても、戦後から考えるのはダメだ。僕は『ペルソナ』という本の中で、三島由紀夫について書いているが、彼の本質を描くために三島の祖父の代から物語を始めた。

本当は、曽祖父あたりの話を聞くのが一番いい。しかし、現実には難しいので、そうした世代のことが分かる本を読むしかない。例えば、推薦書の一冊である『城下の人』を読むと、国家のために自分の運命を翻弄されながら、明治から昭和の前半までを生きた軍人の生き様が分かるだけでなく、現在の自分たちが置かれている歴史的な立場までもが見えてくる。それに、

国家と個人、利己と利他について考えるきっかけにもなるだろうし、右翼でも左翼でもない立場から国家論を考えるいい資料にもなる。

もう一つ歴史を学ぶ効用としては、「家長」の意識を持てるということがある。

「家長」とは、当事者であり、リーダーであり、「責任をとる人間」ということだ。次男、三男は、太宰治みたいに生きていてもいいが、家長たる長男は稼がないといけない。批判するだけであれば楽だが、家長は批判するだけではすまない。ビジネスにおいても、家長である経営者は、自分で提案し、実行し、利益を生み出さないといけない。

しかし、今の日本は、政治も経済もメディアも文学も、家長の流れが途切れてしまっている。例えば、日本の文学の歴史には、大まかに、夏目漱石と森鷗外の系譜が存在するが、太宰治を含む夏目漱石の系譜だけが日本文学の歴史になってしまっている。つまり、放蕩息子の側に文学が行ってしまっているのだ。

それに対して、森鷗外は当事者の側で必死に悩みながら小説を書いた。拙著の『天皇の影法師』で書いたが、森鷗外は晩年、日本にふさわしい元号をつくるために研究を重ねた。明治、大正という元号に否定的だった森鷗外は、宮内省図書頭《ずしょのかみ》として天皇の諡《おくりな》と元号の考証・編纂に着手した。森鷗外の「元号考」は未完のまま森鷗外は死去したが、後を継いだ吉田増蔵が元号案「昭和」を提出した。鷗外は国家というのは「形式」が間違ってはいけないという強い家長意識を持って、昭和の生みの親となったのだ。

つまり、人間には「統治する側」と「統治される側」があるが、日本文学の系譜において森鷗外側が途切れてしまった。夏目漱石自体は偉いが、漱石の系譜はだんだんと私小説のほうに流れてしまい、結局、太宰治になってしまった。昭和の戦争に至る過程においても、「これでいいのか、アメリカと戦争なんてしたら破産するじゃないか」という発想の文学はなかった。そうして、小説は官僚機構や国家には何の影響力も持たないものになってしまった。

では、家長の意識はどうやったら芽生えるのかというと、やっぱり歴史だ。歴史を学ぶことを通して、家長の意識が高まってくる。

私自身も、歴史を学ぶために、25歳ぐらいのときに大学院を受験して、橋川文三という政治思想の学者のところに通い、日本の歴史を学んだ。橋川の下で学ぶ中で、日本がどう生存して、生き延びていったかがよくわかったし、ナショナリズムとは何かがわかった。そのときに、私にはもう家長の意識があった。

日本人は、ナショナリズムというと排外主義のことだと思っているけれども、そうではない。ナショナリズムというのは国民国家ということだ。それを踏まえないと、単なるモダニズムになってしまう。例えば、全共闘でみんな騒いでいたし、私もちょっと関わったけれど、「あ、これは軽いな。表層を流れているだけだ」と思った。だから、ちゃんと根っこのほうをきちっと見ないといけないと思って橋川さんのところへ行って歴史を学んだ。根っこから見ていくことによって全体像が見えてくる。そうすれば、自然と家長としての発想が出てくるはずだ。

## 司馬遼太郎
## 『坂の上の雲』

『坂の上の雲』といえば、司馬遼太郎の代表作である。日露戦争の勝利までを描いた長編小説で、シニア世代にはとくに愛読者が多い。敗戦の荒廃から豊かな国を目指した高度成長下のビジネスパーソンたちは、明治時代の貧乏国から国際社会の一員を目指す『坂の上の雲』を追体験したのではないだろうか。

『坂の上の雲』はあくまで小説であり、なぜ日露戦争に日本が勝ったのかを含めて、都合のいいように書いてしまっているところもあるが、これはこれで一つの正史と言える。日本の「戦後」は、明治維新に始まる日本の「近代」の歩みの中で捉えて初めて理解することができるが、そのための入門書として本書は最適と言える。

当時の日本は生き残るために、世界に目を向けていた。全くガラパゴスではなかった。例えば、旅順の閉塞作戦は、1898年の米西戦争においてアメリカ海軍がスペイン海軍に対して実行した作戦を研究した上で実施したものだった。当時の日本は、世界最先端の知を貪欲に吸収していたのだ。

明治時代の日本の歴史を学ぶことを通じて、世界史的な情報の中でものを考えることの大切さが分かるはずだ。そして、明治の日本人たちが、日露戦争というきわめて困難な状況を克服していくプロセスは、現在の不透明な時代を生きるビジネスパーソンにも勇気を与えてくれるのではないか。

## 石光真清
## 『城下の人』

この本は、私が25歳くらいのときに、日本政治思想史の専門家である橋川文三さんに薦められた。『坂の上の雲』が日本近代の表舞台の物語とすれば、『城下の人』は裏舞台の物語とも言える。この二冊を合わせて読むことによって、明治の時代のエネルギーや、いい意味での上昇志向が感じ取れると思う。

この本は、筆者の石光真清の自叙伝であり、死後、物置小屋から発見された膨大な手記が基になっている。人に読まれることを目的とせずに書き続けられた記録は、明治・大正・昭和の庶民の生活史であり、自伝文学の傑作でもある。

石光真清は明治元年熊本生まれの帝国陸軍のエリートだ。日清戦争には中尉として台湾に出征、その後、ロシア研究を志し、スパイとなって日露戦争前のロシアで諜報活動に従事する。その際、身分としては軍籍を離れており、功績を挙げたものの国に冷遇され、波瀾の人生を歩んだ。最後には国家に裏切られながらも、恨みを持たないその心情に新鮮な驚きを覚えた。

この本を読むと、明治という時代が、日本の近代の持つ意味が、もっと深く見えてくるはずだ。現在の自分たちが置かれている歴史的な立場までもが見えてくる。戦後民主主義で育った親から自由の名の下に不安を植えつけられ、通過儀礼と呼べるものがなくなっている状況で育った子どもが自我について考えるのにも役立つと思う。

## 『橋川文三著作集』

橋川文三は日本の近代の歴史の中で、ナショナリズムについて研究した先駆者だ。19世紀ヨーロッパの黄禍論から日本の敗戦までの底流に存在した人種間闘争の徹底した検証は注目に値する。

橋川は戦後、戦中派の論客として名を馳せたが、彼が旺盛な言論活動を行った1950年代、1960年代は左翼の全盛期であり、ナショナリズムや右翼を研究するのは勇気のいることだった。日本政治思想史を専門としながらも、学際的な仕事もこなし、自らの戦争体験が持つ意味を探る作業を行っていた。

橋川は私の恩師でもある。全共闘運動に終止符を打った後、私は橋川に教えを請うべく、明治大学大学院に進んだ。橋川文三の下で、「ナショナリズムとは何か」を考えた。その問いには正解はなく、ソクラテスの問答のようだった。そして、ナショナリズムこそ日本の近代をつくってきた原動力であり、表層のモダニズムとは違う深い部分で、日本の風土や天皇制という求心力と結びついているのである。

日本的ナショナリズムを解明することによって、日本とは何か、日本人の心の奥底に潜む集合的無意識とは何かが浮かび上がってくるに違いない。この『橋川文三著作集』を繰り返し読むことによって、今、自分が置かれている状況や、戦後とは何か、近代とは何かということの見取り図が見えてくるはずだ。

## 参謀本部編
## 『杉山メモ』〈上・下〉

これは参謀総長時代の陸軍・杉山元帥による、大本営・政府連絡会議の審議の克明なメモをまとめたものだ。要人の数々の発言から、日本がなぜアメリカとの勝てない戦争に踏み切ったのか把握でき、非常に面白い。政府の会議での天皇の発言も全部出てくる。そうした切迫した議論の内容が収録されているのが、この『杉山メモ』の醍醐味だ。

1983年に『昭和16年夏の敗戦』という本を書いたとき、開戦前に政府大本営連絡会議でどういう議論がされたか、いろいろ資料を調べているうちに『杉山メモ』を見つけた。今は『杉山メモ』以外にも多くの新しい資料が発見されているが、この資料だけでも十分な量の情報がある。

戦後、岸信介や賀屋興宣などはA級戦犯ということで首相や法務大臣になるのはけしからんと批判され続けた。ところが、杉山メモを見ると、軍部と最も対立して戦争に反対しているのが賀屋であり、岸も戦争には消極的であったことが分かる。

大蔵官僚だった賀屋は「そんな金はない」「そんなことをやっていくら儲かるんだ」と徹底して陸軍と対決し、反対している。戦前は軍国主義、戦後は民主主義、とかくそんな単純な色分けがされるが、現実はそんな単純、一色のものではない。この本を通して、歴史のダイナミズムを深く受け止めてほしい。

## 菊池寛
## 『話の屑籠と半自叙伝』

日本の近代文学の創り手として知られる、芥川龍之介と菊池寛。芥川龍之介は芥川賞があるから知られているが、その芥川賞をつくった文藝春秋の創業者である菊池寛がどんな人物であり、どんな作品を残し、いかなる業績を上げたかはほとんど知られていない。そんな菊池の人となりを知るための入門書として『話の屑籠と半自叙伝』を薦めたい。

芥川と菊池は旧制一高で同級生だったが、様々な意味で対照的だ。芥川龍之介は俳優のような顔をしていて、若くして売れっ子となった。23歳のときに短編『鼻』を書いたらすぐに認められて、夏目漱石にも高く評価された。

一方の菊池寛は、四国・高松の貧乏士族の出身で、父親は融通が利かず困窮のはてに、教科書はカネがないので同級生のものを写せ、と息子に命じるような人物だった。菊池は回り道をして一高に入ったので三年年長、しかも漱石に「君はシャークみたいだね」と言われるほど不細工だった。しかも、一高時代には、親友の罪をかぶり、退学になっている。苦労だらけの人生だ。

ところが30歳を超えてから、『真珠夫人』がベストセラーになり、菊池は芥川を凌ぐ名声と人気を獲得。事業家としても文藝春秋を大きく成長させていく。菊池は自身のエッセイの中で、「二十五歳未満の者、小説を書くべからず」「小説を書くのに、一番大切なのは、生活をしたということである」と述べている。

## 松本清張
## 『半生の記』

菊池寛も貧乏に鍛えられた作家だが、菊池に劣らぬほどの貧困を味わったのが、松本清張だ。清張は42歳まで無名で、極貧の絶望的な前半生を送っていた。清張の自伝である『半生の記』では、半生を過ごした北九州での日々が綴られているが、現代では想像することもできないような貧乏の実態が窺える。また後半生で苦労が報われた得難い人生でもある。

この本を読むと、貧乏というものがどんなものかがよく分かる。清張は高等小学校卒の学歴しかない。19歳のときに印刷所で働き始めて、その後、朝日新聞の九州支社に移るが、版下制作係などのブルーカラーだった。記者とは別世界で、33歳に正社員となるまではとくに安月給だった。

そんな苦労を重ねてきた清張は、43歳のとき、森鷗外の日記について記した『或る「小倉日記」伝』で芥川賞を受賞する。そこから清張の才能が花開き、49歳のときには『点と線』『眼の壁』がベストセラーとなり、推理小説ブームを起こす。

清張は80歳を過ぎても、週刊文春に5ページ、週刊新潮に5ページの連載を持っていた。当時、働き盛りの40代だった私よりも過重な週刊誌連載をこなすエネルギーに驚いた。人間はやっぱり下積みの生活がないとダメだ。売れなかった期間だけそのぶん売れるのだろう。清張は40年間の不遇のときを過ごしたからこそ、82歳で死ぬまで40年間も第一線で書き続けられたのだと思う。

## 小島信夫
## 『抱擁家族』

この作品は、日本の家族が家父長制を喪失していく状況、ある家族の中に一人のアメリカ人が入ってきて、その家族をズタズタに引き裂いていくという、戦後のアメリカの影と喪失感のようなものを描いている。

高度経済成長の最中、ある大学教師の家庭が一人のアメリカ人留学生のホームステイを受け入れたことを契機に、家庭の人間関係のちぐはぐさが浮き彫りになり崩壊していく。日本人の平和な生活はアメリカが陰で守っているのが実態で、日本人はあえて見て見ぬふりをしているのだが、この偽善を寓話にした秀逸な作品である。

私は17~18歳の頃に『抱擁家族』を読んだ。独特な文体でよく分からないところもあったが、ディテールが印象的で今でも覚えている。最初の家政婦の野放図さや、病院のカルテの「愛撫」という記述、そうしたディテールが作品全体に生きている。この作品と、三島由紀夫の『鏡子の家』は、高校生から大学生だった私に、一つの時代の終わりを予感させる作品だった。

小島さんとは、長い対談をやったことがある。小島さんが70代後半で私が40代中盤のときだった。なんだか知らないが、とにかく話が変な人で面白かった。日本から貧乏が消えてしまった、それによって文学も終わってしまった、と小島さんが言っていたのが記憶に残っている。

## 大宅壮一
## 『無思想の思想』

戦時中、大宅壮一はインドネシアに赴任し、ジャワ派遣軍宣伝班に所属していた。戦争が終わって帰国した後、大宅はしばらく畑仕事に打ち込み沈黙していたが、その彼が昭和30年に「無思想人宣言」を『中央公論』に発表した。

戦前の前衛的な、マルクス・ボーイたちの思想は、戦争になると全部見事にひっくり返って、天皇賛美の詩に変わった。そして戦争が終わると、今度は左翼にコロッと変わった。結局は新しいファッションの帽子に替えただけで、同じ構造の入れ替えなのではないかと見抜いた大宅は、あえて「俺は無思想だ」と宣言した。根の部分をきちっと摑んでいないために、時代の流行思想に追われていく、論壇や文壇に対する批判でもあった。

これからはイデオロギーの時代ではない、事実をよく見つめ、外国や借りものの思想に惑わされず、自分の足で立ち、事実と自分の摑んだ考えでものを語れということを、大宅壮一は本書の中で提言している。大宅壮一と菊池寛には共通して時代を見抜く目があった。

思想というのは結局、流行病いだ。流行のブランド思想ばかり追いかけていくと結局、他人と同じ思想に頭を占拠されてしまう。『無思想の思想』の中で大宅は、自分を「無思想」と規定した上で、流行を追わず自分の思想をしっかり持つことの重要性を説いている。

## 柳田國男
## 『明治大正史　世相篇』

現代ノンフィクションの歴史は1970年以降に始まっているが、ノンフィクションの古典と言えるのが、柳田國男の『明治大正史　世相篇』だ。民俗学の創始者でもある柳田は、大文字の歴史ではなく、庶民から見た視線を通して、日常の歴史を描いている。そんなに厚くない本で、すごく読みやすい。柳田の本は難しいものもあるが、この本はすっと入ってくる。

この本で描かれているのは、端的に言えば、近代による喪失だ。例えば、江戸時代の人たちは、音、におい、風といったものを五感を通して受け入れ、俳句といった伝統芸術が生活に自然に入り込んでいた。しかし、近代化によって常民であるわれわれがそうした当たり前の感覚からどんどん遠ざけられていき、大正時代ぐらいになってくると、においとか音とかいうものがだんだんと消えていく。そうした歴史の変化を具体例とともに描いている。

昭和、平成にもその流れは継続しており、現代の日本人は、生活の変化を観察する能力がさらに弱くなっている。ちょっとした小さな変化から大きな転換を読み込んでいく観察力は、古典を読むことで培われる。本作や『遠野物語』や中江兆民の『三酔人経綸問答』は、そうした鋭い観察力の宝庫だ。古典は若いときにしか読めない。大人になればなるほど時事問題に振り回されていく。現実の枝葉末節から離れて、古典の奥深い世界に入ることに役立つ一冊だ。

## 三島由紀夫
## 『金閣寺』『鏡子の家』

1950年、放火により金閣寺が焼失した。三島由紀夫の『金閣寺』はこの事件に材を取り、放火犯の青年に自分の過去、現在、未来を重ねて描いた、三島美学と呼ぶべき豪華絢爛な文体による不朽の名作である。

もう一つのお薦めである『鏡子の家』が出版されたのは1959年。この作品は戦前の終わり、日本的なものが終わりを告げている、ここからは身も蓋もない市場社会になるよということを予感させるものがあった。当時、『鏡子の家』は失敗作と言われたが、それはみなが『鏡子の家』を理解できなかったからだと思う。

日本人は日本人の文体で日本人の日常性の中にあるものから言葉を編んでいくが、三島の場合はそれを外国語に翻訳したときにどういう状態になっているかということから逆に日本語をつくっていく。それはヨーロッパ近代が世界の基準だからだ。それゆえに、三島の作品は未だに西洋で翻訳として読まれている。

三島由紀夫はほかの日本の文学者とはレベルが違う。戦後日本に天才がいたとすれば、三島だと思う。彼が天才たる所以は、ヨーロッパ人の文学の文脈を全部心得た上で、それを日本の文学として表現しようとしたところだ。日本文学を世界文学として書かないといけないという意識が強かった。三島は常に「日本とは何か」を考えながら書いていたのだ。

# 進化生物学
Evolutionary Biology

Picker #6
## 長谷川眞理子

生物学的に「自然な」制度設計を学ぶことで
社会を変える制度や商品の開発に応用できる。

**Mariko Hasegawa**／1952年生まれ。1986年、東京大学大学院理学系研究科博士課程修了。イェール大学准教授、専修大学教授、早稲田大学教授を経て、現在、総合研究大学院大学副学長。国家公安委員会委員を兼務。専門は、行動生態学。主な著書に『進化とはなんだろうか』『ダーウィンの足跡を訪ねて』などがある。

## 進化生物学の観点からビジネスを設計する

進化生物学を学ぶ意義はどこにあるのか。

それは、進化や淘汰といったフレームワークを使うことで、現代人が自明としている社会制度や文化制度の根本を違う角度から見るところにある。

例えば、人類の進化の歴史を少しでも知っていれば、人類の繁栄を支えたのが共同繁殖、つまり、共同体の中での子育てであることが容易に理解できる。この共通認識が社会に浸透していれば、子育てを若い夫婦だけに担わせる危険性がもっと議論されるだろう。

私たち人類はもともと共同で子育てをしてきた生物なのだから、おばあさんの力を活用したり、自発的な自助グループの構築を支援したりするような動きがもっと見られてもいいはずだ。こうした知見は、目前にある超高齢化社会に対処するツールとしても活用できるだろう。

ビジネスにおける商品開発や、社会を変えるための制度設計など、私たちが自らを取り巻く何かをアップデートしたいと考えたときにも、生物進化のフレームワークが使える。生物がある行動をとる「インセンティブ」を学ぶことで、人はなぜ争うのか、どんなに頑張っても共産主義社会が長続きしないのはなぜか、といった問いに答えを出すことができるからだ。それによって、より生物学的に「自然な」制度設計が可能になる。

## 人類の長い歴史を知ることで、日常の風景が変わって見える

次に、進化生物学を学ぶことで実感できるのは、「人間」という存在のインパクトだ。良かれ悪しかれ、人間は地球環境を不可逆的に変化させている。

例えば、アリやシロアリは地球のランドスケープをダイナミックに変える生物として知られるが、その規模をはるかに超えて、人間は山を削り、川を埋め、地面を覆い隠してきた。しかもこの動きは、直近100年の間で急速に進んでいる。地球にとってはとんでもない異常事態だ。その異常さを客観的に測るための「基準点」となるのが、進化生物学である。

ある計算によれば、地球上の生命体のすべてが太陽エネルギーだけに頼って活動した場合、人間ほどの大きさの雑食動物が存続できる最適数は、1平方キロメートルあたり1・4人ほどだという。実際には、地球上で生活する人間の分布数は1平方キロメートルあたり44人だから、いかに分不相応な繁栄をしているかが分かる。

生物の進化を知ることは人類が歩んできた長い歴史と、さらに長い歴史を重ねてきた地球環境の変化を知ることでもある。壮大な尺度で人間の営みを見つめると、衝撃的とも言える発見や気付きをいくつも得られるだろう。すると、日常の風景の見え方は確実に変わるはずだ。

ちなみに、この例でも分かる通り、人間が繁栄すれば、必ず地球上から何かが失われる。敷《ふ》衍《えん》すると、「すべての変化はトレードオフである」ということも、進化生物学は教えてくれる。

歴史上、現代ほど大多数の人間の生活が豊かになった時代はない。しかしそれによって、生活習慣病が人類の生命をおびやかすといった新たな苦難も生まれている。私がアフリカに行った際には、「村の子どもたちが学校に通えるようになったのは良いことだが、森を知る子どもの数は減ってしまった」と嘆く声を聞いた。森で暮らしていくためには、森の動植物の生態に関する知識が不可欠だが、そうした知識は失われつつあるという。

私たちの人生は有限であり、一日は24時間、一生は長くて100年ほどだ。何かを選択するたびに、失っていくものは何なのか。その事実を見つめる勇気を持たなければならない。

## 文明社会の根本を客観的に見つめ直す

進化生物学はとかく誤解されがちだ。例えば、「各生物は、何かを行うために進化した」と考える人がいるかもしれないが、これは「進化に目的がある」という典型的な誤解だ。

生物の進化は、偶発的に生じた突然変異と、どんな遺伝子がより多く選ばれるか、つまり複製率の差異という二つの要素の結果でしかない。そこに目的や意志は存在せず、その意志なき進化によってこそ強力な繁栄をもたらす。進化生物学者、マット・リドレーの言葉を借りれば、まさに「進化は万能」なのである。

このメカニズムを正しく理解することで、初めて文明社会の根本にあるものを、客観的な視点から見つめ直すことができる。社会学や哲学が「価値観」の点から社会の根本を考え直すものだとすれば、進化生物学は「科学」の観点からそれを行うものだ。

　本章では、最新の進化生物学の理解を助ける良書を挙げた。中には「問題作」として異論反論を巻き起こしたものもある。人間活動をポジティブに捉えるかそうでないかによって、地球環境や生態系に起きてきた変化の解釈は１８０度異なってくる。

　前提とされてきた価値観を揺さぶり、真剣に考えさせてくれる本に触れる体験もまた、私たちの思考の進化には必要だと考えている。

## カール・ジンマー、ダグラス・J・エムレン
## 『進化の教科書』

進化生物学を学ぶ上で、教科書として最初に何を読むべきか。これまではカール・ジンマーの『進化』（岩波書店）が最もふさわしい本だったが、あまりに分厚く、専門的なので、一般読者に紹介するのははばかられた。しかし最近、講談社ブルーバックスからジンマーのエッセンスをまとめた書籍が全3巻で刊行される。内容的に、最初はこれに当たるのがいいだろう。

1巻では、「進化の歴史」が扱われる。地球の歴史から生命の誕生、生物の進化と絶滅を、現代に残った化石を論拠に、マクロの現象として描写している。

2巻は、「進化の理論」をテーマとし、集団遺伝学の理論、自然淘汰と性淘汰の仕組みなど、「なぜ進化が起こるのか」を説明している。

3巻は2017年4月時点でまだ刊行されていないが、現在の知識で生物の全系統樹はどう描かれるか、それはどのような遺伝子から特定されるのか、またそもそも遺伝子からどうやって表現型が作られるか、といった点が扱われる予定だ。

新書判サイズだからといって甘く見ることなかれ。判型は小さくとも、とてもバランスのとれた、進化生物学の教科書の決定版である。

## マット・リドレー
## 『進化は万能である』

宇宙を成り立たせる物質の進化から、人間が発明・発展させてきた文明や社会制度まで、あらゆるものに働く「進化」の原理の力強さを説く名著だ。著者はオックスフォード大学モードリン・カレッジを首席で卒業し、経済誌『エコノミスト』の科学記者を経て、英国国際生命センターの所長などを歴任した、進化生物学のスペシャリストである。

例えば、ナイフという道具が今の形に至った経緯を振り返ろう。人類がナイフの原型となる最初の道具を生み出した日から、様々な人の偶発的な思いつきによって、その形・材質などが改善されていき、より多くの人の支持を得たものが新たなナイフとして広まってきたことが分かる。決して初めから「ナイフとはこういうものである」という目的や意志が働いているのではなく、偶発的に発現する「突然変異形」によって進化が促進される。これは生物の進化の原理と共通するものだ。

人間の思考も同じだ。文化の中で「当たり前」のものとして共有されている価値観も、誰か一人が「おかしいのではないか」と疑問を呈すことで揺さぶられる。初めはそれほどの変化が見られなくても、やがて新たな価値観が多くの人の支持を得るようになれば、そこで生きる人々の思考そのものが塗り替えられていく。

読んでいて、ストレートに「面白い」と感じられた。思考を進化させることの意味を理解するのにうってつけの一冊だ。

## サイモン・レヴィン
## 『持続不可能性』

今起きている気候変動はどのように生態系を変えつつあるのか。環境のフレームシフトを引き起こしている原因は何で、地球を持続可能にするためには何が必要なのか。生物・非生物の相互作用の結果とも言える「生態系」に起きていることを解き明かした一冊。

その分析の冷静さゆえに強烈に伝わってくるのが、人間の営みがいかに「とんでもないこと」を地球に強いているかという事実だ。元来、地球上に生命を得た動植物は太陽エネルギーだけを動力源として、身の丈に合った営みを続けてきた。太陽からエネルギーを受けて植物が育ち、その植物を動物が食べ、動物が死んで朽ち果てたらバクテリアが分解して植物の栄養源となる。人間が焚き火だけで暮らしていた時代には、その完全なエコシステムの中に、人間も組み込まれていた。

変化が起きたのは、石炭や石油を人間が掘り出し、エネルギーとして使い始めたときからだ。地球上の生物が初めて、太陽以外のエネルギー源を生み出し、自分のために使い始めたために、地球の生態系は激変の一途をたどることになる。

この急速かつダイナミックな変化によって、生態系に多大な影響がもたらされ、地球を「持続不可能」なものにしていると著者は警鐘を鳴らす。本書を読むことで、マクロの視点から世界の行く末を考えることを余儀なくされる。

## フレッド・ピアス
## 『外来種は本当に悪者か?』

物議をかもした一冊である。挑発的なタイトルにもある通り、とかく「悪者」扱いされがちな外来種生物にスポットをあて、あえてその功績について論じている。

ピアスによると、そもそも「外来種」や「侵入種」と呼ばれる生物が生まれるのは当然のことだという。人間が山に登れば、ふもとに生えている草の種が靴底にくっついて山頂に運ばれ、人間が船で移動すればネズミも移動する。つまり、人間が地球上で活動する限り外来種は生まれ続け、原初的な「手つかずの自然」というのは存在し得ないのだと。

彼の主張は、生物学界に一石を投じた。現実主義者ともいえるピアスを熱狂的自然保護主義者は猛烈に批判したが、おそらく彼の真のねらいは、議論を巻き起こすことにあった。

かつて人間がガラパゴス諸島に降り立った際、生活のためにヤギやネコを持ち込んだ。すると、島にもともと生息していたイグアナが姿を消し始めた。今度はイグアナを保護するために、ヤギやネコを排除し始めた。ピアスは我々に問う。なぜイグアナを保護しなければならないのか。同じく絶滅危惧種のオオタカやゴリラは、なぜ地球上からいなくなってはならないのか、と。

挑発的なタイトルに引き込まれて読み進めると、いつしか深い哲学的なテーマへと潜り込む。答えの出ない問いについて、真剣に考えるきっかけを与えてくれる。

## ジャレド・ダイアモンド
## 『銃・病原菌・鉄』〈上・下〉

ハーバード大で生物学の、ケンブリッジ大で生理学の博士号を取得し、進化生物学、生物地理学、鳥類学など幅広い知識を習得したジャレド・ダイアモンドの著作は、どれを読んでも面白い。幅広い見識と研究に基づく独自の考察によって、壮大なテーマを多角的に、非常に分かりやすく語っている。上下巻からなる本書は、ピュリッツァー賞、コスモス国際賞などを受賞した名著として知られ、日本で文庫化もされている。

なぜ南米大陸の先住民は、旧大陸から侵攻してきた住民に征服されてしまったのか。16世紀にスペイン部隊がインカ皇帝を捕虜にした歴史を振り返り、なぜ当時の南米大陸で「銃」という武器が発明されていなかったのか、といった問いを本書は投げかける。著者が示す答えは、地形や動植物の生態系といった「環境」だ。例えば、家畜にできる動物がいたかという環境の違いによって、文明の発達の仕方は大きく違っていったという。

生態系の変遷と生物の進化、人間の文明発展を、線と線で結び、大きな面として同じ土俵で論じるという分析手法は画期的だ。文明史も絡めながら生物や生態系の進化を解析する研究スタイルを得たきっかけが、ニューギニアで鳥の研究をしていたとき、現地の人から聞かれた「なぜ自分たちは飛行機に乗っていないのか」という質問だったというエピソードも、個人的に気に入っている。

## ジャレド・ダイアモンド
## 『文明崩壊』〈上・下〉

『銃・病原菌・鉄』に続いて世界中でベストセラーになった話題作。広範な研究領域という強みを存分に発揮して、過去に地球上に存在し、衰退していった文明の歴史をひも解き、文明崩壊の原理について分析する。

イースター島、マヤ文明、ノルウェー領グリーンランドなど、かつて繁栄していた痕跡が残されている文明遺跡を一つひとつ例にとりながら、それらが崩壊した要因を「環境被害」「気候変動」「近隣の敵対集団」「友好的な取引相手」「環境問題に対する社会の対応」という五つのフレームワークで検証していく。共通の枠組みで崩壊の要因が整理されているので、一般読者でも読みやすく、理解も深まりやすい。江戸時代の日本も、「崩壊を免れた文明」の好例として挙げられている。

一方で、著者の「文明が繁栄するにともない、その地の環境資源を使い果たされ、生態系が破壊される」という論は、「人間の活動だけが、地球環境を壊す原因なのか」という異論反論をも巻き起こした。

誰の主張にも言えることだが、その主張がまるきりデタラメで誤っているものであれば議論にすらならない。各界を巻き込むような議論を生むということは、どこかに本質を突く部分があるからだ。ダイアモンドの著作は、こうした原則を思い起こさせてくれる。

## ジャレド・ダイアモンド
## 『昨日までの世界』〈上・下〉

人類の歴史600万年の中で、文字を使う文明が生まれたのはわずか5400年前のこと。「現代」として切り取られる時代は、長い人類史の中ではほんの一瞬に過ぎず、はるか昔と捉えられがちな伝統的社会はいわば「昨日までの世界」である。

その「昨日までの世界」に生きた人類が、どのような生活の営みをし、社会の問題を解決してきたのかを解き明かすのが本書だ。

子どもを作りすぎたときに、口減らしのために殺すことも珍しくなかった社会が、それをやめたきっかけはなんだったのか。群れで歩くことについていけなくなった高齢者をどう扱っていたのか。仕事や結婚、高齢者介護、育児など、現代にも通じる人生の課題にスポットをあて、原初の人類がたどった経験から現代社会の問題解決のヒントを導き出すという手法は見事であり、非常に読み応えがある。

印象的なのは、「昨日まで」の私たちが暮らしていた環境の豊かな多様性だ。ニューギニアにはニューギニアの、南米には南米の社会が存在し、それぞれが独自に小宇宙を構成していた。

グローバル化に伴い、地球上の至る所に画一的なライフスタイルが行き渡った現代が、いつのまにか失ってしまったものの大きさを思い知らされる。

## スティーブン・ピンカー
## 『言語を生みだす本能』〈上・下〉

人が言語を習得するプロセスを実証的に解き明かした一冊。実は学界では、「人類の言語はどのように進化してきたのか」というテーマを扱うことは、20年ほど前まではタブーとされてきた。言語習得に関する物証が乏しく、客観的に論じることが困難だったからである。ジャン＝ジャック・ルソーなど、近代の知識人も言語の進化について著作を残しているが、エビデンスがなく、あくまで「推測」の域を出ないものであった。

長らくフタをされてきた分野であったが、1990年代に入ると、脳の画像解析研究や発達心理学など各方面での研究が進み、まるでパズルのピースが揃うように、エビデンスをもって言語発達のプロセスを解く基盤が整ってきた。そして体系化された理論として初めて世に出たのが、ピンカーの『言語を生みだす本能』である。

鳥がピーピーと鳴くこととはまったく異なる、人が言葉を発するようになるまでの過程を、進化生物学、脳科学、発達心理学、言語学など学問の領域を超えた分析で検証した本書は、学問そのものの新たな領域を作った。

ピンカーは言語学者の権威・チョムスキーの弟子だったが、言語を生物的に捉え直すという、恩師に反旗を翻す形でこの本を世に送り出した。新たな分野を切り開く覚悟が伝わってくる一冊だ。

## スティーブン・ピンカー
## 『暴力の人類史』〈上・下〉

『言語を生みだす本能』で奥深く思慮に富んだ研究姿勢を世に知らしめたピンカーが、さらに磨き上げられた分析力を示したのが『暴力の人類史』である。私はこの本を読んだときに、一人の研究者がこれほどに成長できるものかと深い感動を覚えた。

本書は題の通り、歴史上、絶えず繰り返されてきた暴力や争いの系譜をひも解くものである。歴史的資料のみならず、数値分析や脳科学、心理学の知識もフルに駆使し、説得力のあるロジックを展開する。数字で示したからこそ、科学者からの反論も寄せられたが、全体的な資料の扱い方や分析手法は信頼できる。

例えば、罪人に対する刑罰について、誰もが過酷な畑仕事をしていた時代には「痛い」「つらい」と感じることは日常であり、残忍な刑罰に対する抵抗感が乏しかったとピンカーは論じる。一方、文明が発達し、人が日常的に行う仕事の肉体的負荷が軽減されていくと、次第に「痛い」「つらい」行為に対する拒否感が生まれるようになり、暴力は否定されるようになっていった。

本書を読むことで、文明の発達と人間心理には密接な関係があることが理解できる。ビル・ゲイツは「私が読んだ中で最も重要な一冊」と評している。

## 海部陽介
## 『人類がたどってきた道』

私たち人類がどのような進化を遂げて現在の姿に至ったのか、とはシンプルな問いだが、この答えを知るための良書はなかなかない。だがこの本は、俯瞰的な視点から上記のテーマを解き明かすことを試みた点で、一読に価する。

論拠となっているのは、世界各地で発掘されてきた遺跡や化石の研究だ。祖先が残した痕跡が雄弁に語るのは、人類の文化がこれほど広範に発展した理由は「創造性」だということ。各地で見つかる人骨化石や生活道具の遺物は、私たちが無限の創造性を持つ生き物であることを教えてくれる。

そして、私たちが自らの起源を知る旅は、新たな化石が発見されるたびに劇的にアップデートされていくことも分かる。この本が出版されたのは2005年だが、その2年前にはインドネシアのフローレス島で「ホビット」との愛称が付けられた小型人類ホモ・フロレシエンシスの化石が見つかり、2014年には同種の大人一人と子ども二人の歯の化石が発見された。これによって、人類の起源について新たな仮説が生まれている。

そのため、出版後に追加された説もあるが、人類の歴史を通観する上での総合的な知識を獲得するという目的は、本書で十分にかなえられるだろう。

## イタイ・ヤナイ、マルティン・レルヒャー
## 『遺伝子の社会』

進化生物学の古典的名著に、1976年に出版されたドーキンスの『利己的な遺伝子』がある。ドーキンスは、「遺伝子は自己の複製に長けたものが残る」という説を唱えた。その後、同書にインスパイアされて育った世代が、進化生物学を塗り替える研究を行っている。『遺伝子の社会』はその代表的な一冊だ。

ヤナイは、「個体の中に存在する膨大な遺伝子は、その一つひとつが自己の存続だけに資するバラバラな存在ではなく、個体という環境の中での共生がなければならない、社会的な存在だ」と説く。

個体が生き延びれば共に生き永らえ、個体が死ねば共に死ぬ。運命共同体とも言える遺伝子同士は、時には敵対し、時には協力し合いながら、相互作用を繰り返していく。まさに私たちが生きる社会そのもののような関係性を遺伝子も築いているというのである。ガン細胞やセックスなど、遺伝子が関連する様々な事象についても「遺伝子の社会」という文脈でメカニズムを解き明かしていく。

『利己的な遺伝子』が出版されて40年。その間、新たに判明した研究知見をもとに、新たな世代の研究者が新説をアップデートしていく。まさに進化生物学研究そのものが「進化」しているのだ。こうした点を味わうことができるのも本書の醍醐味だ。

コンピュータサイエンス
Computer Science

Picker #7

# 中島 聡

プログラミングの基礎を学び、
勘所を掴むだけでも
エンジニアとの仕事が一気にやりやすくなる。
文系ビジネスパーソンこそ
プログラミングを学ぶべきだ。

**Satoshi Nakajima**／1960年北海道生まれ。早稲田大学大学院理工学研究科修了。NTT研究所、マイクロソフト日本法人を経て、1989年にマイクロソフト本社に移り、Windows95、Internet Explorer3.0/4.0、Windows98のソフトウェア・アーキテクトを担当。2000年、同社を退社し、ソフトウェア会社のUIEvolutionを設立。

## プログラミング知識だけではiPhoneは作れない

本章のテーマは「コンピュータサイエンス」だが、対象がエンジニアの場合とそうでない場合で、メッセージは微妙に異なる。私の本職はエンジニアなので、まずは同業者に向けてメッセージを綴ってみようと思う。

ほとんどのエンジニアにとって当たり前のことだが、最先端のプログラミング知識を得たい場合、書籍よりもウェブから学ぶことの方が多い。例えばFacebookやAppleの公式サイトに行けば、開発者向けのサポートページがあり、そこからプログラミングに必要な知識は得ることができる。またエンジニア界には、自分の書いたプログラムをオープンソースとして簡単に公開できるGitHubや、他のエンジニアが投稿した技術的な疑問に答えるStack Overflowといったコミュニティサイトがあり、そこで最先端の知見を仕入れることができる。余談だが、Stack Overflowはエンジニアの力量を表す良き指標となっており、そこで技術的な質問に答えた実績をもとに、就職活動を行うこともできる。

とはいえ、エンジニアにとって書籍の情報が不要というわけではない。むしろ書籍は、エンジニアとして長続きするために大切なことを教えてくれる。それは、そのプロダクトをなぜ作るのか、どんな価値を提供するのかといった「哲学」の部分である。

受託する仕事だけ行っていてもエンジニアとして食べていくことはできる。しかしそれでは、成長機会が限られるだけでなく、そもそも作り手としてモチベーションが上がらない。私自身も、仕様書だけをもらって「この通り作って」と言われることほどつまらない仕事はないと思っている。やる気の有無はその人の生産性に直結し、結果として仕事のパフォーマンスを左右する。

iPhoneが革命的な製品になったのは、プロダクトに携わる人々が「なぜこれを作るのか」を常に問い、個人個人の夢をすり合わせていったからだ。もちろんその中心にはスティーブ・ジョブズの強烈なリーダーシップがあったが、もし開発者の中に「仕様書で書かれていたから作る」という態度の人が多数いたら、あそこまで革新的な製品はできただろうか。

そうした「哲学」を身につけるのに、紙の書籍は効果を発揮する。ここで読むべきは、コンピュータに関する技術書ではない。経営者や経済学者の知恵の結晶である、良質なビジネス書を読むべきだ。私が今回選んだのは、各エンジニアが揺るぎない「哲学」を得るためにヒントとなる書籍だ。

## 文系ビジネスパーソンにこそ必要なプログラミングの基礎知識

一方、非エンジニアへのメッセージは幾分異なる。おそらくビジネスに関する知識は十分に得ている人が多いだろう。その上でコンピュータサイエンスの知識も学ぼうとするのなら、書籍から情報を集めるのではなく、まずは実際に手を動かし、プログラミングを行ってみることをお薦めする。

最近では他人が書いたＨＴＭＬ・ＣＳＳなどのソースコードを編集できるＣｏｄｅＰｅｎといったサービスもある。そうしたサイトで学習しながら、プログラミングのとっかかりとして、簡単なウェブページなどを作成してみるのもいいだろう。

文系のビジネスパーソンこそ、プログラミングの基礎を学ぶべきだ。「プログラミングで何ができて、何ができないか」「この仕事はどれほど難しいか」といった勘所を掴むだけでも、エンジニアとの仕事が一気にやりやすくなるからだ。自ら基礎を身につければ、簡単なプロトタイプは自分で作ってしまい、専門的な知識が必要な段階からプロに依頼することもできる。エンジニアの身からすれば、本当に初歩段階の仕事はあまりやりたくないので、こうした段階を飛ばしてくれるだけでも、そのビジネスパーソンを信頼するようになる。そして、もしエンジニアが甘ったれたことを言っても「これくらいできる」と突っぱねることもできる。

個人的には、最近こうしたビジネスパーソンは少しずつ増えてきているように感じる。プログラミング知識の重要性が世間で認識され始めている証左だが、いい傾向だと思う。

ここで重要なのは、プログラミング知識を知識のまま終わらせるのではなく、アウトプットを前提にして学習することだ。これは、もちろん本職のエンジニアにも当てはまる。

コンピュータサイエンスの世界は、極めて変化のスピードが速い。一生懸命知識を仕入れても、翌年には古びていることもある。私はエンジニアなので、これまでＪａｖａを使ってプログラムを書いていた人が、Ｓｗｉｆｔを新たに習得し直す大変さを理解している。しかし、それを嫌がると必ず時代遅れのエンジニアになる。

新たな知識を習得するためには、その知識を使えるプロジェクトを立ち上げるのが一番だ。私自身も、常に「学習したい技術」のリストを用意し、その技術を仕事に使えないかを画策している。例えば２０１３年には、Facebook が React Native というウェブサイトの作り方を大きく進化させるフレームワークを公開したが、私はそれを使ってウェブサイトを作るプロジェクトを立ち上げ、技術の習得に成功した。

現在では機械学習を学びたいと考えているが、書籍を読むだけではどうも表層的にしか理解できない。React Native のときと同じく使いこなせるようになるためには、何らかの仕事に結びつける必要があると思い、日々画策している。

対照的に、書籍から得られる情報は、すぐに何らかのアウトプットにつながるわけではない。しかしボディブローのように自らの思考に影響し、それは長期的にはパフォーマンスに影響する。そうした観点から、私は「教養書」として、６冊の書籍を選定した。

## ジェフリー・ムーア
『キャズム』

エンジニアとしてものづくりを行う時には『キャズム』に書かれた内容を意識する。「キャズム」とは、新製品を市場に浸透させる際の、初期市場とメイン市場の間にある深い溝のことである。情報感度が高いアーリーアダプターに受け容れられる商品と、一般的な感覚のマジョリティに受け容れられる商品が異なることを本書は示している。その上で、「キャズム」を超えて自社製品を普及させるために、段階に応じた適切なマーケティング施策を行う必要性が示唆されている。

これまで私は数多くのベンチャービジネスを見てきたが、初期段階でスムーズにユーザーを増やした割に、途中で失速するプロダクトは枚挙にいとまがない。一方、最初はパッとしなくても着実にユーザー数を増やし、いつの間にか市場の中心に躍り出ているプロダクトもある。これらを分けるのは「キャズム」に関する意識の差に他ならない。

本書には豊富な事例とともに「キャズム」の乗り越え方が描かれているが、もちろん実際のビジネスシーンにおいて、実行するのは容易ではない。しかし理論的な下地があるとないとでは、打ち手の正確さも変化する。エンジニア・非エンジニア問わず、事業開発に取り組むすべてのビジネスパーソンが読むべき一冊だ。

## ドラッカー
## 『明日を支配するもの―21世紀のマネジメント革命』

ドラッカーが本書の中で発した「知的労働者はボランティアのように扱わなければならない」という言葉は、まさに至言だと思う。本書の中でドラッカーは、知的労働者が働く理由の推移について考察している。近年になり、知的労働者を惹きつけ、とどまってもらうことが企業の重要な経営課題となっており、アメリカでは数十年にわたり、高額なボーナスやストックオプションを使って人材を引き止める手段が取られてきた。

しかし現在では、トップのビジョン、与えられた責任、学習機会といった金銭的報酬以外の面で、知的労働者は組織を選ぶとドラッカーは喝破する。これはまさに昨今のソフトウェアエンジニアの世界を表現した言葉だ。どの企業もエンジニア不足に悩み、エンジニアは「引く手数多」の状態。その中で彼らを惹きつけるものは何か。それはトップのビジョンに他ならない。

私はエンジニアであると同時に、経営者である。そのため、優秀なエンジニアに来てもらわなければビジネスは成り立たない。組織の役割を考え抜き、魅力ある言葉でビジョンを発信する重要性を本書で再確認させられた。

## ウォルター・アイザックソン
## 『スティーブ・ジョブズ』

ジョブズの関連本は山のように出版されているが、本人公認評伝とも言える本書が、最も内容が濃く、かつ本質に迫っている。私はエンジニア、そして経営者として、ジョブズには改めて尊敬の念を覚える。

彼はビジョンに突き動かされてプロダクトを開発し、周囲との摩擦を全く恐れず、偏執狂のごとく製品を磨き抜くことに固執した。その性格が災いして、レストランで出された野菜ジュースを何度も作り直させるなど突飛なエピソードも残っているが、それでも彼の執念がなければMacもiPhoneも生まれなかっただろう。

残念ながらジョブズ亡き後のアップル製品は、いくぶん「執念」の要素が薄まったように感じる。彼の思いは同社のカルチャーとして残っているが、もしジョブズが存命なら、アップルウォッチは、あの大きさ、厚さでリリースされただろうか。「あと数ミリ薄くする代わりに、製品のリリースが一年遅延する」といったシビアな状況があったとしても、ジョブズは躊躇なく断行したような気がしてならない。

しかしこれを後任経営者に求めるのは酷だ。「5ミリを4ミリに薄くする」といった話は、ほぼ論理的に説明不可能であり、経営者の「決め」でしか実現しないからだ。だからこそ逆説的に、本書を読むとジョブズの偉大さが浮き彫りになる。リーダーの「決め」の大切さを、本書は教えてくれる。

## 木下是雄
## 『理科系の作文技術』

私は、同業者の中では比較的頻繁にブログを書く。それは本書が、文章を書く面白さを教えてくれたからだ。

本書のメッセージは「文章はものを伝える道具」だ。学校で文系教師が教えるような「心を込める」「情景が浮かぶように」といったアドバイスは一切ない。代わりに「まずは結論を示す」「一文はできるだけ短くする」「必要以上の修飾語は排除する」といった、構造的な文章を書くコツが、具体的に示されている。かつて国語が苦手だった私は、本書に出会ったことで劇的に文章力が改善された。

「文章はものを伝える道具」という、当たり前だが大事な事実を意識しているかどうかで、中身は大きく変わる。理系の人間は、専門用語を多用した妙に難しい文章を書きがちだが、自分だけがわかる文章を書いても、それは単なる自己満足。伝わらない文章は存在しないも同じだ。

文章力は理系の人間だけではなく、あらゆるリーダーにとって不可欠な素養だ。リーダーは自分の言葉でビジョンを語り、新製品を作る際には、社内に、市場に、その製品の意義をアピールしなければならない。その意味で、本書は最良の教科書になるだろう。「なぜこのことを、小中学校の国語では教えてくれなかったのか」という思いだ。

## リチャード・A・ブリーリーほか
## 『コーポレート・ファイナンス』〈上・下〉

私はマイクロソフトを離れて起業してから、一度経営に関する知識を学び直したいと思い、ワシントン大学のMBAコースに通った。結論から言えば「2年間もかけてすべてのコースを履修する必要もなかった」という思いを抱いたが、のちに振り返って最も役に立ったのがコーポレート・ファイナンスだ。

アカウンティングとコーポレート・ファイナンスは、現代人にとって必須の教養だろう。お金の現在価値と将来価値、資金調達コストといった知識は、ビジネスを行う上での基本中の基本だが、案外多くのビジネスパーソンが誤解している。もしあなたがこれからリーダーとして経営に近い立場で仕事をしたいと考えており、かつ金融に関する知識が欠落していると思ったら、すぐに学び直すことをおすすめする。

ちなみに、MBAを取得したからといって、経営者になれるわけではない。MBAの知識は単なるビジネスのツールだ。一方、経営を行うためには、新たなプロダクトを生み出す発想力や、人の本質を見極める観察力が必要になる。そうした知識は実地で身につけなければならない。MBAとはその程度のものだと割り切って、勉強に励んだ方がいいだろう。

## クレイトン・クリステンセン
## 『イノベーションのジレンマ』

ソフトウェア業界では得てして、ベンチャー企業が大企業に挑むことになる。お金も人材も少ないベンチャー企業は、客観的に見れば圧倒的に不利だ。しかし世の中では小が大を倒すことがある。それはなぜ起きるのか、なぜ大企業は、部分的に小さな企業に負けるのかを示した一冊だ。

本書で描かれるのは、本業が成功して規模を拡大させ、豊富なリソースがあるにもかかわらず改革ができなくなった巨大組織の姿だ。これをクリステンセンは「イノベーションのジレンマ」と言う。実は私も、マイクロソフト在籍末期にこの本を読み、「書かれていることがそのまま、社内で起きている」と戦慄を覚えた。当時のマイクロソフトはWindowsで大成功を収めたものの、そのビジネスを守ろうとして組織のサイズが過度に大きくなり、次の戦場・インターネットへの対応が遅れていたのだ。私は本書を読み、「ああ、この会社は負けるのか」と確信した。

それを防ぐためには、大組織であっても、常に変化の種を組織に内蔵しなければならない。大企業病とは何か、本当に成長し続ける組織とは何かを教えてくれる、ビジネスパーソン必読の一冊と言える。

## ウェブサイト
「The Internet Tidal Wave」

書籍ではないが、ソフトウェア産業を考える上で必読文献と言えるのが、ビル・ゲイツが1995年にマイクロソフトの全社員に向けて発信したメッセージ「The Internet Tidal Wave」だ。

私は現役社員としてこのメールをゲイツから受け取り、衝撃を受けた。当時、マイクロソフトはWindows95を発売したばかりで、ビジネス的には成功の真っ只中にいた。しかしゲイツは、「これから本当に対応しなければならないのはインターネットだ。この分野で手を打たなければ、我々は必ず取り残される」と、強い言葉で現状維持の危険性を警告した。タイトルの「Tidal Wave」とは潮の満ち引きを意味する。誰も逆らえない大きな波が到来し、我々はその波に乗らないと淘汰されるとゲイツは言ったのだ。

しかし残念ながら、メッセージの真意を理解した社員はごくわずかだった。多くはWindows95の成功に酔いしれ、高給を享受し、次のステージへの挑戦を忘れていた。一方、私の周囲からはそうした状況を疑問視する声が続々と上がっていた。結果、次から次へと優秀な社員が退社し、マイクロソフトは2000年代に、停滞の10年を迎えることになる（最近になって復活の兆しが見えていることを、私はOBとして嬉しく思う）。

余談だが、このとき会社を去った人材は、シリコンバレーの新興企業に流れていった。中には、1999年にグーグルに移り、グーグルが上場したらFacebookに移り、Facebookが上場したらまた別の会社に行く、という強者もいた。彼にとってはマイクロソフトが低迷することも見えていたし、グーグルがこれから天下を取ることも見えていた。

自分たちが成功したその瞬間に、その成功体験を否定する大切さを、ゲイツのメッセージは教えてくれる。ソフトウェアに関わる人はもちろん、これから組織を牽引しようとする人に、一読をお薦めする。

# 数学

Mathematics

Picker #8

## 森田真生

数学は、日常生活に由来しない、
独自の言語体系を持つ。
だからこそ、常識や習慣に縛られない、
自由な思考の流れが生じ、
世界史を変えることもある。

**Masao Morita**／1985年、東京都生まれ。独立研究者。東京大学理学部数学科を卒業後、独立。現在は京都に拠点を構え、在野で執筆・研究活動を続ける傍ら、全国各地で「数学の演奏会」や「大人のための数学講座」など、数学に関するライブ活動を行っている。デビュー作『数学する身体』（新潮社）で第15回小林秀雄賞を受賞。編著に『数学する人生』（新潮社）がある。

## 今や恐れるべきは、野獣よりも悪質なプログラムである

「心境冥会《みょうえ》して道徳玄《はるか》に存す」という言葉がある。空海の漢詩文を集成した『性霊集』に収められた文章の印象的な一節だ。「アフォーダンス」の理論などが流行する1000年以上も前に、空海は「心と環境（＝心境）」が互いをつくり合うことを指摘していたのである。そして、それらが「親しく交わる（＝冥会）」ときにこそ、初めて生命の奥深い智恵が姿を現すのだということを指摘していた。

現代においても、心と環境の関係をどのようにして調整するかは、多くの人にとって切実な課題だ。ただ、1200年前の空海の時代と今とでは「環境」の意味する内容が随分変わってしまった。現代人が暮らす「環境」には、隅々にまで「言葉」が浸透しているのだ。ある行動を選択するとき、地形や天候など、自然環境の制約はあるが、それ以上に現代人の行為を拘束するのは、法律や市場やコンピュータプログラムなど、言葉によって編まれた種々の制度だ。

空海の時代、環境と言えば、まず何よりも自然環境だったはずである。だからこそ、山に分け入り、自然界の中に身を投じる必要があった。「心境冥会」の契機は、深々とした森や山奥にあった。しかし、現代人を取り囲む環境は、もっとはるかに「言語的」だ。今や恐れるべきは、野獣よりも悪質なプログラムであり、人の行動を阻むのも、鬱蒼とした草むらより、条文

や市場なのである。ならば、現代において「心境冥会」を求める者は、山林よりも、むしろ言葉の世界を「遊行」しなければならないのではないか。

言葉の本質は、存在しないものをその場に立ち上げる機能にある。人は言葉を使って、その場にはいない誰かのことや、その場にない何かについて語ることができる。言葉は、存在しないはずのものに存在感を与えるのである。言葉のこの不思議な魔術の上に、現代の「環境」はつくられている。

数学は「数」や「図形」など、「どこにも存在しないもの」について研究する学問である。それは、絶えず人間の言葉を取り巻く「環境」のフロンティアを切り開き続ける。そこに数学の醍醐味がある。

## 数学は、自然から逸脱した行為だ。だからこそ、数学が世界史を変えることもある

数学は「自然」とかけ離れた営みである。だからこそ面白くもあれば難しくもある。

「数」という概念自体、生き物にとっては「不自然」である。言葉を知らない動物は、四つ以上のモノの個数を正確に判別できないそうだ。皮肉なことに、自然のままの生き物には、「自然数」が分からないのである。

数学史の研究によると、およそ2500年前のギリシアで、初めて「論証」の文化が生まれたという。仮定から出発して論理的に正しい結論だけを導く「演繹（deduction）」によって、

数学的主張を正当化するのが「論証」である。経験的な正しさではなく、論証された正しさを積み上げていくようになったことで、数学は他のどんな学問にもまさる確実性を手に入れた。

「論証」という方法もまた、生き物としては不自然である。例えば、茂みからガサガサと音がしたとき、それがイノシシであることを「論証」してから逃げたのでは手遅れである。生き物は、過酷な環境の中で生き延びるため、速やかに意思決定をしなければならない。演繹的に思考していたのでは間に合わないのである。

数学は、ある意味でことごとく自然から逸脱した行為だ。しかしだからこそ、そこから様々な思いもよらない発想が生まれる。

日常的な人間の言葉は、むしろあまりに深く生活に根ざしていて、日々の習慣がすっかり浸透してしまっている。机を「つくえ」と呼び、椅子を「いす」と呼ぶ時点で、机を机として、あるいは椅子を椅子として切り出してくるような世界の見方が固定される。日常言語は歴史や文化の文脈を背負っているのだ。だからこそ、コミュニケーションのために有効にはたらくのだが、それだけに、日常言語で、常識を超え出ていくのは難しい。

数学は、日常生活に由来しない、独自の言語体系を持つ。そこから、常識や習慣に縛られない、自由な思考の流れが生じる。例えば、人類が生み出した最も生産的な道具であるコンピュータの理論的原型は、1930年代にアラン・チューリングという数学者によって、およそ現実世界とは縁遠い、数学の純理論的な研究の中から生み落とされた。世界史を変えるようなラディカルな発想が、現実のためにあるわけではない数学の言葉によって見出されたのである。現実とかけ離れていることは、必ずしも役に立たないことを意味するわけではないのだ。このように、数学が世界史を変えることもある。

だが、もっと身近な効用もある。数学は、思考の柔軟性を鍛える方法になる。休日の趣味に、全身のストレッチに励む人がいるように、余暇の楽しみに、数学にのめり込む人がいてもいいはずである。

ストレッチの動きの中には、日常にはあり得ないような動作もあるが、だからこそ、ふだんは使わない筋肉をほぐし、全身の血流をよくするのだろう。生活が要求する動きばかりをしていると、身体はすぐにこわばってしまう。同じように、生活が要求する思考ばかりしていると、発想はすぐに固まってしまう。まるで全身をストレッチするかのように、いつもと違う思考の流れに身を任せてみる。それには、数学は恰好の方法である。

数学の歴史やなりたちを描く書物から、現代数学の多様なトピックスを一望する本まで、合計10冊の推薦書を挙げた。すぐに役に立つノウハウはどの本にも書かれていないが、学ぶ喜び、生きる喜びを、いきいきと語りかけてくる名作ばかりを選んだつもりだ。この10冊を通して、一人でも多くの読者と、数学を学ぶ愉しみを分かち合うことができたらと思っている。

## スタニスラス・ドゥアンヌ
## 『数覚とは何か？　心が数を創り、操る仕組み』

人間が数学をする。考えてみれば、奇妙なことである。

人間は動物である。動物の最大の使命は、厳しい自然環境の中で、何とかして生き延びていくことである。当然、動物の認知システムには、数学をするための仕組みなど搭載されていない。だとすれば、「脳は、いったいどうやって数学を生み、それを理解するのか」——これが、著者の挑む問いである。

人は、数学をするために進化したわけではない脳を使って、数学をする。だから、生物学的には、だれもが本来「数学は苦手」なはずである。だが、脳は、数学という新参者を何とかして受け入れようと、様々な工夫をする。その工夫の過程で、数学の独特の面白さが生じる。

数学は、脳を通して生み出されてきたとともに、脳のためにも進化してきた。人間の脳が数学を生み出し、その数学が、人間の脳に合わせるように変容していく。数学と人間は、いわば互いに互いをつくり合ってきたのだ。結果として、両者は似てくる。だから、数学には人間が映り込んでいる。

普遍的な真理を追究する数学も、所詮は人間の営みだ。人間的な、あまりにも人間的な営為だからこそ、数学は面白いのである。

## 斎藤憲
## 『ユークリッド「原論」とは何か』

ユークリッドの『原論』は、聖書に次ぐベストセラーとも言われる数学の古典だ。とくに『原論』が体現している演繹的な推論は、長らく西洋世界の知識人たちにとって、あるべき思考の模範としてくり返し参照されてきた。『原論』を抜きにして西洋文明は理解できない。それほどまでに、反復的に読み継がれてきた一冊である。

とはいえ、記述は驚くほど無味乾燥で、目次も、著者の挨拶もなく、冒頭は23の淡々とした「定義」の羅列から始まる。何も知らずに開いたら、きっとほとんどの人は退屈して、すぐに閉じてしまうことだろう。

『原論』には読み方がある。何より、古代ギリシア人の心に寄り添って読むべきである。本書は、その読み方を指南してくれる。砂に図を描き、数式を持たず、言葉を駆使しながら数学に耽った当時の人たちの気持ちになってみると、『原論』は頗《すこぶ》る面白い。

歴史を学ぶということは、古びた過去を懐古することではなく、現在の方から、絶えず、過去に新たな命を吹き込んでいくことなのである。そのこともまた、ぼくはこの本から学んだ。数学史を心から愛する著者の、情熱がひしひしと伝わってくる一冊である。

## ジョセフ・メイザー
## 『数学記号の誕生』

今や記号のない数学など考えられない。しかし、あらゆる道具がそうであるように、記号もまた、歴史の中で編み出されてきたものである。

15世紀が終わる頃まで、数学の表現はほとんど自然言語によっていた。「=（イコール）」という記号ですら、生まれたのは16世紀だ。それまでは「〜に等しい」と、わざわざ言葉で書いていたのだ。

記号を使って方程式の「一般式」を初めて書けるようにしたのは、16世紀のフランスのヴィエトである。数学と言えば「数式と計算」を連想するかもしれないが、何千年も連綿と続く数学史の中で、そもそも記号を使って数式を計算できるようになったのは、ここ400年程度のことに過ぎないのである。

数学者が、日常的な発想の制約を超えて、抽象世界へと思考を飛躍させることができるのは、記号の力による。記号がなければ、数学も日常の思考の習慣に拘束されて、今のように発展することはなかっただろう。2乗してマイナスになる「虚数」や、四次元以上の空間など、およそ現実とはかけ離れた対象の存在を数学者に示唆してきたのは記号なのだ。

無味乾燥と言って数学の記号を嫌う人は多い。だが、本書を読めば、常識や習慣を超えた発想を支えてくれる記号の力に、少しだけこれまでよりも親しみを感じられるようになるはずだ。

## アミーア・アレクサンダー
## 『無限小　世界を変えた数学の危険思想』

数学は発想の泉であるが、いつの時代も「新しい発想」が社会から歓迎されてきたわけではない。本書が描くのは「どんな数よりも小さいが、0ではない無限小」という発想が、17世紀の西ヨーロッパにおいて、教会や絶対君主制を守ろうとした人々から恐れられ、厳しく弾圧されてきた物語である。

幾何学の明晰な推論の世界とは異なり、無限小は古来、混沌とした論議を巻き起こす火種であった。神や絶対君主のもと、整然とした秩序に統べられた世界を理想とした近代初期の権力者たちは、不合理を孕む「無限小」の思想が、真理の世界に紛れ込むことを嫌ったのである。他方、無限小は、のちの微積分学の誕生にも繋がる、数学的にはきわめて生産的な思想だ。進歩的な数学者たちは、保守的な権力者たちと闘わなければならなかった。

イタリアでは、ガリレオとその弟子たちの進歩的な数学が、イエズス会によって制圧された。他方、イギリスでは無限小を用いる柔軟な数学が、厳しい非難をくぐり抜けて生き残った。結果として、イタリアが近代数学の表舞台から退場していく一方で、イギリスは世界の数学を牽引していく立場になった。

およそ現実とはかけ離れたように見える数学の思想が、いかに時代のイデオロギーや権力と深く相互作用しながら育ってきたものであるかが、本書を読むとよく分かる。知的スリルにみちた名作である。

## ジョージ・ダイソン
## 『チューリングの大聖堂　コンピュータの創造とデジタル世界の到来』

人類史上最も生産的な発明であるコンピュータの理論的な基礎を生み出したのは、前述のアラン・チューリングというイギリスの数学者である。彼には「便利な道具を生み出そう」などという動機はなかった。ただ「計算とは何か」という知的な関心を、情熱的に追究し続けただけである。その探究の副産物として、計算する機械、すなわちコンピュータが生み落とされた。

本書が描くのは、そんなコンピュータと水爆が、戦後「同時」に誕生するまでにいたる学問と歴史の数奇なドラマだ。

コンピュータは「計算」という営みを人間の手から解放したが、水爆は物質を「核力」の束縛から解き放った。この二つの解放が、互いに歩を合わせながら実現した事実に、著者は鋭く目をつけた。人類は、破壊的なまでの計算力と暴力を、同時に手にしたのである。

計算と暴力は、今も深い関係にある。情報化された現代は深く計算に依存しており、それゆえ、いたるところに暴力の可能性が潜在している。だからこそ、本書に描かれる計算と暴力の現代史は、しっかりと記憶にとどめておかなければならない。その意味で、これは現代人にとって「必読の書」だと思うのである。

## アポストロス・ドクシアディス、クリストス・パパディミトリウ
## 『ロジ・コミックス：ラッセルとめぐる論理哲学入門』

これは、19世紀末から20世紀の初頭にかけて繰り広げられた、数学の壮大なドラマを描いた出色の漫画作品である。バートランド・ラッセルというイギリスの数学者の人生を中軸に据え、当時の数学者たちが、「数学の基礎」を究明しようと、人生を懸けて挑んだ学問のドラマが描かれている。

数学は厳密な学問だと思われているが、実際には、必ずしも論理には還元できないような直観がしばしば駆使される。19世紀末に、そうした不要な直観を数学から排除し、より緻密な論理体系を編み直そうと企てる人たちが現れた。そのためには、数学を日常の言語から解放し、数学をするための、全く新しい言葉を作り直す必要があった。

言語は与えられるものではなく、作り直すことができるものなのである。いまや新しいコンピュータ言語が乱立している時代であるが、１００年以上も前にこのことを洞察し、その仕事に全力で邁進した数学者たちのラディカルな情熱と信念には、ただ脱帽するばかりだ。

物語の主人公であるラッセルは後年、数学の一線を退き、政治哲学者として活躍する。また、『幸福論』などに代表される多様な著作群が評価され、ノーベル文学賞を受賞した。数学の基礎から幸福論へ。波瀾万丈の生涯だった。

## 伊達宗行
## 『「数」の日本史　われわれは数とどう付き合ってきたか』

ぼくは小学校時代はアメリカで育った。そこでは九九を音で覚える代わりに、フラッシュカードを使って視覚的に記憶させられた。「しちくろくじゅうさん」と言えば語呂がいいが、“seven times nine is sixty-three”ではまどろっこしい。「ひい、ふう、みい」で始まる古代の数詞と「いち、に、さん」と数える現代の数詞が同居する日本の言葉は、数字と音の世界のあいだに、独特の豊かな関係を育んできた。

本書には日本人と数をめぐる、刺激的な話題がたくさん紹介されている。例えば『万葉集』の巻十三に「八十一隣之宮尓　日向尓」と書いて「くくりのみやに　ひむかいに」と読ませる箇所がある。「八十一」と書いて「くく」と読ませるのだ。巻六の「如是二二知三　三芳野之」は「かくししらさむ　みよしのの」と読む。今度は「二二」と書いて「し」と読ませる。同じ数式でも“two times two”では数学の範囲を出ないが、2×2が「二二」になり、「かくししらさむ」の「し」になると、数は軽々と数学の外に飛び出していく。数を媒介にして、音と文字のあいだの越境を楽しむ遊び心である。

せっかく日本人として生まれてきたからには、西洋で生まれた近代の数学をただ受容するだけでなく、日本人と数の長く親しい間柄についても、もっと知っておきたいものだ。本書はそのための恰好の入り口なのである。

## マーカス・デュ・ソートイ
## 『素数の音楽』

著者は数学の一線で活躍しながら、オックスフォード大学で「科学啓蒙のためのシモニー教授職」を務めるユニークな数学者である。明るい笑顔で潑剌と数学を語る彼のレクチャーや、最先端の数学を分かりやすい言葉で説き起こす数々の著作は、平易でありながら水準は高く、いずれも定評がある。

本書は「リーマン予想」という、150年以上数学者たちを悩ませてきた未解決問題に挑む人々の姿を克明に描いた名著だ。絵には描けない抽象的な現代数学の世界を、様々なメタファーを駆使して巧みに描写していく。数式がほとんど出てこないにもかかわらず、最前線で数学者たちが見ている風景を垣間見てしまったような気持ちになるから不思議だ。

ぼくはかねてより「数学にも演奏家が必要だ」と考えている。音楽と同じように数学にはいくらでも名作があるのに、それを演奏する人がいないため、一般の人の心にまではなかなか届かないのである。

数式や難しい概念を使わずに、現代数学の美しい風景を人に伝えることはできないだろうか。著者はこれを、非常に高いレベルで成し遂げている。この人こそまさに「数学の演奏家」である。

ぜひ本書を手に取り、一級の演奏家によって奏でられる数学の音色を味わってみてほしい。

## ティモシー・ガワーズほか編
## 『プリンストン数学大全』

数学の世界は広大だ。その全景を一望することなど、ほぼ不可能である。しかし、この本は「数学大全」を名乗る。一冊の中に数学のすべてを収めようという、ほとんど無謀な挑戦である。結果として出来上がったのは、遠近様々な視点から編まれた、数学の一大パノラマである。

全体で1000ページを超える大部の書籍だ。無論、片っ端から読破すべき本ではない。好きな箇所から、自由にページを繰っていけばいいのだ。

数学をわかることも重要であるが、そう簡単にわかるものではないことをわかることも大切である。リーダーに求められるのは、他分野をいちいち詳細に把握することより、他分野の未知の拡がりを、正確に見積もり、敬意をもってそれと接することではないかと思う。

数学者でない人が、現代数学の概念をすべて正確に理解することなど無理である。だが、「数学はこんなにも広い」と感嘆し、その「わからなさ」を痛感することができた人物は、断片的な知識だけを通して数学を「わかったつもり」になっている人より、よほど教養があると思うのである。

この本は、書棚からいつも「数学はこんなにも広いのだぞ」と語りかけてくる。それだけでも十分に、手にする価値のある本なのである。

## 高瀬正仁
## 『岡潔　数学の詩人』

　ぼくが数学に大きな関心を抱いた最初のきっかけは、岡潔という数学者の著書との出会いだ。彼は20世紀の前半に、「多変数解析関数論」と呼ばれる数学の未開の領野をほとんど独力で切り開き、世界的な業績を残した人物である。岡は、数学者として偉大だっただけでなく、人間の心や生き方について語るユニークなエッセイをいくつも著し、「生きることが喜びである」と素直に感じられるような人間像を打ち立てるべく、晩年は旺盛な執筆・講演活動に励んだ。

　数学の中心にあるのは「情緒」であるというのが岡潔の信念である。ぼくは、彼の言葉に導かれるようにして、数学の世界に引き込まれていった。

　岡潔は１９０１年に生まれ、78年にこの世を去った。ぼくが生まれたのは85年であるから、直接お会いする機会はなかった。にもかかわらず、ぼくがこれほど彼の存在に夢中になれるのは、高瀬正仁氏の著書によるところが大きい。

　高瀬氏は、岡潔研究の第一人者である。並々ならぬ情熱で岡潔の数学と生涯を研究し、詳細にわたる評伝をいくつも発表されている。本書は中でも最もコンパクトで手に取りやすい作品である。岡潔の稀有な生涯と、そこから生み落とされた豊かな思想に、ぜひ一人でも多くの人に触れてほしい。

## 医学
Medical Science

Picker #9

# 大室正志

組織を率いるリーダーや経営者にとって、
動物としての"ヒト"のメカニズムを
理解しておくことは、きわめて重要だ。

**Masashi Omuro**／医療法人社団同友会産業医室産業医。産業医科大学医学部医学科卒業。専門は産業医学実務。ジョンソン・エンド・ジョンソン株式会社統括産業医を経て現職。メンタルヘルス対策、インフルエンザ対策、放射線管理など企業における健康リスク低減に従事。現在日系大手企業、外資系企業、ベンチャー企業、独立行政法人など約30社の産業医業務に従事する。講演やメディアでの執筆実績が多数ある。

## 各論で雑になる「健康論議」

なぜ医者ではないのに医学に関する教養が必要なのか。それは、われわれがビジネスパーソンである前に一人の人間であり、もっと言えば一個体の動物であるという事実があるからだ。

とりわけ組織のリーダーになる人物は、多くの部下に指示を与え、統率することが求められる。そのときに、ある程度の医学上の知見を持っていることが、チームのマネジメントに役立つことがある。「動物としてのヒト」のメカニズムを理解しておくことは、リーダーや経営者にとってはきわめて重要なのだ。

従来の医学のコンセプトは「疾病生成論」が支配的だった。つまり、病気というマイナスをゼロに戻すのが医学であると長らく考えられてきたのだ。ところが今や、長生きしている人たちのライフスタイルの特徴を分析し、「孤独」は健康に悪影響があるというような知見が得られたりする。このような流れを専門的には「健康生成論」と呼んだりする。

このように、医学は病気の人だけでなく誰にとっても身近なものになりつつあるが、私が危惧するのは、一部の経営者の中には総論的に賛成でも各論に落とし込んだ途端に「雑な議論」をする人がいることだ。

例えば、健康が大事だという点には総論で異を唱える人はいない。しかしそこへの具体論になると、「トライアスロンさえすればいい」といった大雑把な話になってしまったりする。もちろん具体的で小さい話は分かりやすい。「ココアを飲め」「納豆が身体にいい」といった話は散々されてきた。他方で「健康は大事」という基本的なテーゼも大変分かりやすい。しかしながら、その中間地帯がすっぽり抜け落ちているのだ。

私が気になるのは、ネットリテラシーなどの他の分野で十分にリテラシーがある人でも、ひとたびガンなどになると、途端にエビデンスに乏しい怪しげな代替医療にはまることがけっこうあることだ。私からすれば、「なぜあの人が？」と思うようなケースがわりと多くある。おそらく、病気自体が人を不安にさせる要素を持っており、かつ不安なときには判断力が低下するため構造的にデマを信じてしまう状況が生まれやすいのだろう。

私は、総論的な話と、かなり狭められた各論との「中間」に位置する現実的で誰にでも実行可能な選択肢があることを示すことが重要だと思う。「みんなの健康が大事だ」とする総論を、いかに枝葉末節にならずに具体的なリテラシーに落とし込むか。ある意味でビジネスが抱える課題である『論語と算盤』に近い話になるが、身体は複雑なシステムであることを理解し、「健康のためにはただブロッコリーを食べろ」というような雑な認識が、少しでも改善されればと願っている。つまり、もう少し〝等身大の話〟をみながができるようになってほしいのだ。そのためにも今回の私の選書は、医学上の様々なトピックを俯瞰しつつも、具体的に実行可能で、かつファクトだけでは収まりきらない「判断」という部分にも焦点を当てたラインナップを組み立ててみたつもりだ。

## 医学の領域は「冷静と情熱の間」

たまに「医学と生物学はどう違うのですか」と聞かれることがある。医学という分野は生物学とは違って、生物全般の中でも人間のみを扱う学問だ。そのため、治療におけるメカニズム自体の追究に主眼があるわけではない。例えば、手術時にわれわれは麻酔薬を投与するが、なぜ麻酔が効くかについていまだに分かっていない薬もある。つまり医学には理論的な「正しさ」よりも、実践的に有効かどうかが大事な分野という側面もある。

言い換えると、常に医学は「仮説」を多く含むとも言える。例えば、タバコが身体にいいか悪いかについては、多数の論文が発表されているが、大雑把に言うと、そのうちの8割ほどが「悪い」と判定し、残りが「不明」または「むしろ身体にいい」などと述べている。もちろん、そのように結論を出す際には必ず、何らかの定量的なファクトに基づいているが、それでもあくまで「中間レポート」にすぎない。

また医学が扱うのは、必ずしも定量的に測れるものばかりではない。「感情や尊厳」もまた大きな問題になってくる。いわば、「科学と文学の中間」、あるいは「冷静と情熱の間」にある分野こそが、医学なのだ。しかしながら、医者になるための勉強では、サイエンスとしての医学が中心を占める。今後は20世紀の医学がサイエンスの純度を高めていった反動として、経済学などの学問の潮流と同じく、医学でも改めて「感情」が見直されていくのではないか。

## データだけでは判断できない

医学に関する知識は、何も医者の専売特許ではない。現代の医学には「根拠に基づく医療(Evidence-Based Medicine)」という考え方があり、あくまでも定量的な事実を積み重ねて真実を明らかにしようとする。ならば、その科学的根拠に基づいて結論を出せばいいではないかと思われるかもしれない。

しかし、実際にはそうではないのだ。たしかに医者は科学的見地に基づきデータや数字を提示するが、そうした定量的なデータから何を読み取り、いかなる「判断」を下すかが本当は重要なのだ。例えば、5年生存率が52%の治療法があったとして、片や生存率が48%の治療法があるとする。4%も違っていたら、定量的には52%の方を選ぶはずだが、そちらの治療の方が死ぬほどの痛みを招き、生活が侵害されるような場合にはどうするのか。この選択は個々の判断だ。サイエンスとして定量的に割り切れる部分は徹底的に割り切り、その上で割り切れなかった「残余」も合わせて尊重する現在、医学に求められるのはそのような姿勢だと考える。

医学的な判断は、普段から自分が生きる上での優先順位を考えておくことで鍛える他ない。「自分がどう死にたいか」を決めることは、「自分がどう生きたいか」を決めることでもある。今回の選書では明確にその点を意識している。いわば、定量と定性の間の葛藤、それこそ今回の選書の通奏低音である。

## ダニエル・E・リーバーマン
## 『人体600万年史』〈上・下〉

この本は、ヒトがいかにして猿人から進化してきたかが書かれている。ただし、単に人類史を淡々と綴るのではなく、人類を悩ませてきた「病気」との関連で進化史が語られる点に、この本の特徴がある。

注目すべきポイントは二つある。一つ目は、今から1万2000年前に人類が農作を始めたことで大きな生産力を手にし、作物をたくさん保存できるようになったこと。もう一つは、産業革命によって、人類が農作を超えるさらなる生産性を手にしたことだ。著者は、こうした「生産性の拡大」に、人類の肉体的な進化が追いついていないのではないか、遅れているのではないかとの危惧を表明する。

つまり、人類は進化の過程で「文明の進化」と「肉体の進化」の間にミスマッチを起こしているのだ。そして、文明の高度化に肉体が追いつかないがゆえに、人は糖尿病や近視、骨粗しょう症などを患うことになる。もちろん、生産性の向上は歓迎すべきことではあるものの、同時にその生産性は肉体にとっては過剰なものであるのかもしれないというわけだ。

人間は頭で理解することと腹に落ちて分かることとの間に多少のタイムラグを持っているが、それと同様に、社会の進歩と人類の進化との間にもタイムラグがあるのではないか。そうした視点を示している点で本書は有意義だ。

## フランク・ライアン
## 『破壊する創造者』

ウイルスは本当に人類の「敵」なのか――これがこの本の提起する問いだ。かつて、人間のゲノムを解析する「ゲノム計画」があり、ゲノムのうち役に立つ遺伝子は1・5%～2%ほどしかなく、残りは役に立たない「ジャンク遺伝子」だと言われてきた。ところが、ジャンク遺伝子を精査したところ、実はその半分はウイルス由来の遺伝子であることが判明したという。つまりウイルスは人類の遺伝子情報に多くの影響を与えてきたということである。またこの事実は、同時にHIVやインフルエンザといった害悪なウイルスも、長期的な進化の過程で遺伝子の中に取り込まれ無害化する可能性があるということも示唆している。

細菌は自己増殖できるが、ウイルスは自己増殖できない。ウイルスは、それ自体だけではたんぱく質でコーティングされた遺伝情報に過ぎない〝メモリースティック〟と同じようなもので、特定の〝読み込み主体〟に付着して初めて増殖できる。例えば、鳥インフルエンザが鳥に付着しないと作動しないように、あくまでも宿主とともにしか生きられないのだ。だから、宿主が絶滅すればウイルスも死滅する。

また、ウイルスは動物の進化スピードを速めることに役立っている点も指摘されている。ウイルスは〝異物〟ではあるが、その異物こそが同時にわれわれの進化を助けてもいるのだ。異物の存在がプラスに働くことを示しており、職場のダイバーシティの議論にも活かせるだろう。

## 多田富雄
## 『免疫の意味論』

この本は、免疫が持つ意味を探求したものである。つまるところ、われわれの身体は、自分と自分ではないもの（他者）を免疫によって認識しているというのだ。ふつう自己と他者の認識は脳がするものだと思われているが、そうではないと反論している点が特徴的だ。

花粉やウイルスなどの異物が入ってくると、われわれは抗体を作って反撃するが、これは異物を他者として捉えているということだ。そしてこのときに異物の反作用として生まれる抗体こそが、われわれをわれわれたらしめている。つまり、われわれは他者がいて初めて自己を成り立たせることができるのだ。

今ではそうでもないかもしれないが、昔は田舎者と都会人は一目で分かったものだ。集団就職などで都会に大勢流入すると、都会人は田舎者を異物として捉えていたが、そのように他者を介して自己を捉えることで自らを都会人として自己認識していたのだ。要するに、自己と異なる異物としての他者が存在して初めて、自己アイデンティティは形成されてくるのである。

今では、都市部も田舎も均質化してしまって、互いの差異を見つけにくくなっているが、われわれは身体のレベルからして他者を介在して初めて自己を獲得するのだということをこの本は教えてくれる。アイデンティティを免疫のレベルから論じる本は他に例がなく、極めて独創的な本だ。

## 櫻井武
# 『睡眠の科学』

われわれは生涯の3分の1を寝て過ごすわけだから、睡眠に関する知識も持っておくべきだろう。最近、睡眠に関する書籍が何冊も出てきているが、この本は最もコンパクトかつ原理的に睡眠の解説をしていると思う。著者は、オレキシンという覚醒を制御する物質を発見したことで知られる有名な学者だ。

睡眠には深い眠りである「ノンレム睡眠」と浅い眠りの「レム睡眠」があると言われている。実は、レム睡眠のときには眼球が動いていて、脳内も活発に動いている。感情を司る辺縁系にいたっては覚醒時以上に活動しているのだ。そして、脳内では、覚醒時に得た無数の情報の中から不要なデータを削除する作業が行われている。記憶保持のために最適化されたのち、感情的な重み付けをされ〝サムネイル〟がつけられ、必要なファイルだけが保存されるのである。

つまり、睡眠というのは単なる休息を越えて、むしろ記憶力を増強したりする「積極的な作用」があるということだ。本書には、こうした睡眠のメカニズムを理解するための概要が、基礎的なレベルからしっかりと書いてあり、とても勉強になる。睡眠に関するハウツー本を10冊読むくらいなら、多少難しくともこの本を1冊読み込んだ方がいい。日本人や韓国人は睡眠時間の少ない民族だと言われているからこそ、今、睡眠のポジティブな効能について理解すべきだろう。

## 名郷直樹
『「健康第一」は間違っている』

この本は、家庭医の名郷氏が書いたものだ。統計学に基づきファクトベースで書かれている点に好印象を持つ。時間の経過によってどれだけの個体が生存しているかを示す「生存曲線」というグラフでは、70歳を超えた辺りから生存率が急激に下がる。これが意味していることは、70歳を超えたら年間10%の確率で死ぬということなのだ。だから、例えばガンに関する書籍が謳うようにひたすらガン予防をすることは、その10%のリスクに対して対策を講じていることになる。だが、そのように抵抗することにどれだけの意味があるのか、というのがこの本の中核的な主張だ。

「健康第一」を謳って、ガン検診を勧めたり、血圧を下げるメリットを喋々する人は多いが、それは、定量的なデータから考えて有意義なことだろうか。仮に病気になる確率が0・05%であって、タバコを吸うことでその確率が10倍になるとしても、数字に直せば0・5%に過ぎない。0・05も0・5も同じように「少ない」と定性的には感じるが、その判断をどうするかが重要なのだ。

定量的な数値を適切に読み解かずに、「ココアが身体にいい」などと一喜一憂するようではよくない。医学が根拠に基づくEBMの手法をとっているとしても、結局、最終的なところでは、個々人の判断が必要になる。だから、定量的な数値をいかに定性的に読むかは重要な論点なのだ。

## 岩田健太郎
『ワクチンは怖くない』

この本は、センセーショナルに語られがちなワクチン論議に一石を投じる書だ。新進気鋭の感染学者が書いた本で、ワクチンのメリットやリスクが定量的に議論されていて読みやすい。先の名郷氏の本と合わせて「正しい終わり方の本」だと思っている。

放射線についてマスコミが取り上げるときにもそうだが、あれだけ微量の放射線で甲状腺ガンになるリスクよりも、そのことで外に出られずに運動不足になってタバコの本数が増えたりすることの方が身体に悪い可能性もある。身体にとって、本当はどちらが悪いのかについて、我々は定量的にきちんと分析するべきなのだ。それに、放射能を気にして遠くに引っ越した人の場合、そうした不便な場所で生活をする方が、ストレスが溜まって免疫が低下するため身体に悪い可能性すらある。身体はシステムであり一部の要因のみを悪者にしてしまうのは冷静な論議とは言えない。

ワクチンにしても同様だ。ニュースなどでの報じられ方には感情的、あるいは定性的な印象がまとわりつく。だが、医療で重要なことは何よりも事実や数字に基づいた判断であるのだから、そうした判断のための材料を冷静な目で集めるべきだ。その点、この本では、ワクチンのリスクとメリットがそれぞれ定量的な目線から評価されている。医学的なリスクの取り方についてのある種の〝相場感覚〟を教えてくれるので、ぜひ手に取ってみてほしい。

## サイモン・シン&エツァート・エルンスト
## 『代替医療のトリック』

これは、『暗号解読』や『フェルマーの最終定理』で知られるサイエンス・ライターが、ホメオパシーや鍼治療、ハーブ療法といった代替医療の科学的根拠を問い質した本だ。原著のタイトルは“Trick or Treatment”。ハロウィンの言葉にかけているのだが、それが面白い。トリックなのか、処置なのか、と。

また、導入が洒落ている。実は、古代ギリシアから200年ほど前まで、病気になったら血を採れば治るとの考え方があった。結局、この処置で余計に人が死んでいるとして裁判を起こす人が出てきたりする中で、血を抜くことが身体に悪いと判明したのだが、そうしたことが公然と行われていた事実にまず驚かされる。

一方、ナイチンゲールはクリミア戦争の戦地に看護師として赴き、病床を少しずつ離すことで衛生状態が改善し、死亡率が下がることをデータから示した。最初は反対者もいたが、結局は数字とロジックの前にひれ伏していったのだ。このように、事実をもとに常識を覆した事例がこの本では紹介されている。

代替医療はこの論理を援用して、自らの正当性を主張したがる。だが、著者は実際に代替医療を科学的に証明しようと試す中で、その効果が科学的に実証されることの方が稀で、大抵は無意味であるとの結論に至っている。論旨の持っていき方がとてもうまく、読んでいて面白い本だ。

## 斎藤環
## 『承認をめぐる病』

著者は「ひきこもり」という言葉の提唱者でありサブカル分析などでも知られる精神科医だ。この本でも精神分析の知見をもとに、現代の若者のパーソナリティーが分析されている。2013年の出版ということもあり、震災前後の状況や、2008年の秋葉原無差別殺傷事件などの事例を交えつつ、人々の承認欲求のあり方が論じられている。

承認というのは学問的にはマズローの5大欲求階層論では自己実現欲求よりも低い位置にあるとされている。ところが、近年では所属や生存が満たされた人々は自己実現よりも承認を強く求めるとされ、承認欲求が最上位の概念になっている若者も多いと著者は指摘する。宮台真司氏なども言うように、「承認」が現代社会の人間を見る際の一つのキーワードになっているのは間違いない。

もともとラカン派の精神分析医学者だった著者は、最近言われる「現代型うつ」などの症状でさえ、承認の観点から論じられると述べている。この本は文芸書のような体裁ではあるが、精神分析をはじめとする学術的な観点も踏まえられており、現代の若者のメンタリティを理解する上で大変有意義である。

私は、斎藤氏の本はどれも好きで読んでいるが、上司や身の回りについて読者が考える際に最も身近に感じられる話題がこの本で扱われていると思い、この本を選んだ。ぜひ手に取ってみてほしい。

## ジェローム・グループマン、パメラ・ハーツバンド
## 『決められない患者たち』

かつて、医学はパターナリズム（≒父権主義）だった。「黙ってオレの言うことを聞け」。このような態度で患者に接する医師も珍しくはなかった。これには、患者と医師の情報の非対称性もさることながら、医師のある種の「権威」がこうした態度を許容させていたのだと思われる。今では医師はＥＢＭへと移行したため、基本的には治療をする際には患者に対して丁寧な説明を心掛けることがほとんどだ。インフォームドコンセント、つまり「説明と同意」をした上で、手術などの治療が実行されるのだ。

当然、情報開示がされることは患者にとって重要ではあるものの、難点も残る。例えば、70歳のときにガンをこのまま放置していると、年間２％のリスクがある。しかし高齢で手術を受けることにはリスクを伴いますと説明されたとする。そこで、「では、どうするかはご本人が決めてください」と言われても、果たして患者は決められるだろうか。たしかに医師はすべて包み隠さず、定量的なデータに基づいて伝えているが、そうした定量的なデータだけで、患者は果たして正当に判断することができるのだろうか。生死にかかわる病気であれば、人はそれほど簡単には決められないはずだ。しかも、生死の境にいる場合には、そのような重大な判断をできる精神状況にはないことも多い。

つまり、われわれは精神的に物事を決断するのに最も向いていないコンディションのときにこそ、最も難しい判断を迫られるのだ。本書では、そうした判断と決断にまつわる難しさについて、多様な事例から論じており、多くの示唆が得られるのではないだろうか。

## 森健
## 『脳にいい本だけを読みなさい！』

この本はノンフィクション大賞などを受賞している有名なライターが、脳ブームにまつわる書籍をすべて通読した上で書いた本だ。一時期盛り上がった、茂木健一郎氏や池谷裕二氏のブームをはじめ、川島隆太氏の「脳トレ」といった脳にまつわるブームを総覧し、各著書のサマリーまで載せながら、そうした書籍が社会でどのように需要されていったかを分析している。

ある種の社会学的な分析でもありつつ、脳に関する本のまとめ的な意味合いを持つ二重構造になっている。ここまで時系列に即して、網羅的に脳関係の書籍を追ったものは他にないだろう。

さらに、この本のタイトル自体が、それこそ脳にまつわる本がつけそうなタイトルのパロディーになっている。コンテクストが重層的であるがゆえに、とても読み応えのある本に仕上がっている。ある意味で、ＤＪ的にみんながあまり読んでいなそうな本を取り上げたりしていて有益だ。

脳にまつわるブームは、春山茂雄氏の『脳内革命』（１９９５）前後からあるが、それ以来養老孟司氏の『唯脳論』など、周期的に注目されてきた経緯がある。その過程で川島氏に「脳トレとわざわざ名付ける意味はあるのか」などと問い質そうとして取材を拒否された話なども書いてあり、なかなか面白い。もちろんこの本自体も、一つの脳に関する本として読むことができる。

## アトゥール・ガワンデ
## 『死すべき定め』

この本は、現代人が持つべき医学への姿勢を示した新しいスタンダードになるだろう。かつて、キューブラー・ロスは『死ぬ瞬間』の中で、人間が死を受け容れるまでの段階を述べていたが、『死すべき定め』はそのプロセスがもっと複雑であることを示す。死ぬ瞬間にはいろいろなパターンがあり、人によって揺らぎがあるのだ、と。ハーバード大学の医学教授でもある著者が、綿密な取材に基づきその模様を『ニューヨーカー』誌で連載したものがもとになっている。

もともとアメリカでは、看取り専用の施設が早くから発達していた。ところが、死に直面した際の人間の「孤独」や「絶望」といった点については十分に対応してこなかった。例えば、糖尿病患者が「どうしても食べたい」と言って甘いものなどを食べてしまうと、すぐにそれは看護の怠慢と受け取られてしまう。しかし、その行為を「自由の象徴」として解釈することも、本来であれば可能だ。そうした受け取り方においてはやはり看護側の判断が多分に影響するわけだが、その点をこの本は追究している。

要するに、医学の営みには定量と定性の間の葛藤が多分にあり、単に科学的にのみ決められるわけではないのだ。公衆衛生的に図式に当てはめ解決するのでもなく、文学的にロマンチックに死を美化するのでもない方向で、死を目前にした患者の「生」を論じている。秀逸な本だ。

# 哲学
Philosophy

Picker #10
# 岡本裕一朗

今は、技術的、学術的に大きな転換点にあり、
一度まっさらな状態になって
考え方そのものを問い直す必要がある。
そして、それこそが、哲学の大命題だ。

**Yuichiro Okamoto**／1954年福岡生まれ。九州大学大学院文学研究科修了。博士（文学）。九州大学文学部助手を経て、現在は玉川大学文学部人間学科教授。西洋の近現代思想を専門とするが、興味関心は幅広く、領域横断的な研究をしている。最近の著書としては、『いま世界の哲学者が考えていること』（ダイヤモンド社）、『フランス現代思想史―構造主義からデリダ以後へ』（中公新書）などがある。

## 「考え方」そのものを問い直す

読者の中で、哲学書を読んだことがある人はどれだけいるだろうか。哲学は理解しづらい学問と捉えられがちだが、どういうものをイメージするだろうか。例えば有名な哲学者、プラトンやアリストテレス、デカルトやカントなどの著書を広げると、彼らが自分自身との対話を進める様子が書かれている。

哲学とは「人間の考え方」を問い直すものであり、「本当の知識」を探し続けることで真理や物事の本質に近づこうとする学問だ。ビジネス書やハウツー本にあるような、明日のビジネスや生き方の即戦力になるものではないが、新しい時代を担うリーダーたちは学ぶ必要がある。なぜなら哲学こそ、ビジネスや社会生活の本質を捉え、考え改めていく足掛かりになりうるからだ。

そもそも、なぜこれまで通用していた考えを改めなければいけないのか。それは、現代が世界的な流れの中で大きな転換点に立っているからだ。今までも、人々の思考が変わるタイミングがあった。例えば、活版印刷技術が世に誕生したとき。一部の特権階級が使っていたラテン語、ギリシャ語による写本ではなく、ドイツ語やフランス語など一般的な人々が使っている各地域の言葉で本が出版された。地域の言葉が一般に流布し、民衆の国民意識や国家としての自覚が芽生えるようになる。言語による啓蒙活動が広がり、やがては近代社会の形成につながった。

このように技術的な転換は、大きな形で人々のあり方を変えていく。技術的な転換ということから見ると、現代社会ではＩＴ技術の発展による時代変化なども語られているが、ここでは学問の発達によって人間の未知な部分が開拓されることにも触れたい。例えば、近代では、人は自身を律することができるという前提で、法治国家社会が形成された。しかし脳科学の発達によって、その前提ごと覆ることとなる。

覚せい剤使用で捕まった芸能人が謝罪会見を開いたにもかかわらず、何年か後に再逮捕されるという報道は記憶に新しいだろう。このとき、「自分を律する」という近代的な前提が、脳科学的に否定されるかもしれない。日々進化する学問によって、いつ何時社会の根本を覆す新事実が出てくるかわからない。

このように現代は、技術的にも学問的にも大きな転換点にある。こうした混乱の中では、一度まっさらな状態になって考え方そのものを問い直す必要がある。そしてそれこそが、哲学の大命題だ。

## 社会が変化していく中でも変わらない、下敷きとなる共通性を見極める

では時代の傾向を哲学でどのように解析していくか。

それには、変化と不変の二つがキーワードとなる。まず、「人間の思考方法」は基本的には

変わらず、時代や環境によって変わるものは、人が考える「対象」にすぎないということだ。

言い換えると、良い・悪い、正しい・間違いと考える人の態度自体は普遍的だ。対して、「なに」が正しいか間違いかは時代、社会、文化によって変わっていく。すべての考え方は永遠に続くわけではない。しかし、その根っこにあるものは普遍的である。

例えば、昔は、奴隷制が基本的には正しいとされていたが、現代になれば、人間としての自由と平等のもとで、奴隷制というのは否定される。そうした意味で、ギリシャ時代には奴隷制が正しいとされていたけれども、近代以降の社会では、奴隷制は非常に悪い一つの制度だというふうに見なされる、という考え方の変化がある。

しかし、今の目線から翻訳すると、例えば野球選手はトレーナーを練習に連れて行って、そのトレーナーの生活を守っていたりする。これは他人の生活を守るという点で、ギリシャ時代の奴隷制と共通の部分がある。ギリシャ時代の奴隷制の意味に注意しなくてはならない。鎖につないで、理不尽なことをするというイメージで考えると、なんてヒドい社会だというふうになるかもしれないが、一歩引いた今の視点から考えると、納得できる部分も当然ありうるわけだ。

社会の変化で変わるものがある一方で、下敷きとなる共通性は変わらない。それらを見極める力を養う必要がある。

哲学は外の世界を見つめるが、その主体はいつでも哲学者自身だ。時代に流布する常識が変わるとき、むしろ個の思考を保持しなければならない。時代の濁流にのまれると、どこに行きつくかわからないし、個も失われてしまう。

序論では、哲学で時代の思考を読み解くためのトータルな話を示した。まだ抽象的に感じることもあるだろう。今回紹介する書籍では、社会に対する普遍的な問いかけの他、具体的な事象にフォーカスして問いかけたものも取り上げている。

著者たちは本質を突き止めていく過程で、他者への提議方法や思考方法にもアプローチする様子を記しているため、読み解けば自身の思考方法を手に入れるきっかけになるだろう。

私たちは、無意識のうちに現代的価値観が根付いており、そのフィルターを通して現実を見ている。哲学的教養を身体に染み込ませれば、そのフィルターを意識的に取り外す方法を習得できるだろう。読者であるリーダーたちは組織の運営を担うだけの存在ではない。教養から得たものを発展させ、新たなフィルターを発見し人々に伝えることができる存在でもある。哲学をヒントに、課題を模索する方法、解決方法、そして隠れた時代の変化の兆しをぜひ見つけてほしい。

## プラトン
## 『ソクラテスの弁明』

本書はプラトンの師匠、ソクラテスがアテネで裁判にかけられた際、師匠の思考や発言を傍聴しながらまとめたものだ。告訴のきっかけは、当時の有力者たちに喧嘩を売ったことだった。もともとソクラテスは、人が持つ知識は本当に正しく知りえているのだろうかと疑問を持っていた。実証するため、彼は世間の有力者たちに問いかけ、試してみた。するとソクラテスの思惑通り、有力者たちは無知であることを公衆の面前で暴露させられた。これを有力者の子弟たちが模倣するようになった結果、彼は若者に対して悪影響を及ぼす人物として告発され、死罪を宣告される。

本書の面白さは、一般的に知られている知識や常識が「なぜそうなのか」と問いかけてみると、答えられないことが分かる点だ。例えば「私たちはなぜ一人しか伴侶にできないのか」と考えてみると、現代の倫理観が邪魔をし、言葉に詰まるだろう。誰もが議論の根本にある問題に触れがたいのは、基本すぎる内容ゆえに、自分だけが理解していないのではないかと恥じるからだ。先の例を質問した際「法で決められているから」と一蹴してしまう。しかし本質を突き詰めて考える上で、根本的な問題にひっかかった感覚は大事にするべきである。時代は転換期に入り、常識が根本から崩れる可能性さえある。ソクラテスのようにやりすぎると社会生活が揺らいでしまうが、恥を忍んででも根本を問い直す行動は、自身の考え方を変革する大きな一歩になるだろう。

## デカルト
## 『方法序説』

デカルトの最も有名な言葉に「我思う、ゆえに我あり」がある。彼がなぜこの思考に至ったか、動機や理由を自伝的に語るのが本書だ。彼は厄介な学生だった。学校で教えられたものに疑いをもち、卒業後にはそれらを根本から考え直そうと試みた。しかしパンを食べても「なぜ人は食事をするのだろう」と考えてしまうように、何がなんでも真理を追究すると生活が破たんすることを、彼は冷静に理解していた。そこで性急に判断するのを控え、事象に関連した「誤り」を一つずつ打ち消すことで、正しさに辿り着こうとした。

例えば、人間の感覚器官においては、視覚は「錯覚」があるため信じるに値しない。数学だって、1+1=8が真理にもかかわらず、悪霊が人を1+1=2であると騙しているかもしれない。

こうして、すべての事象に誤りの可能性を見出して打ち消した後、残ったものは何かと考えた。すると正誤を判断し、考える自分自身が存在していることに気付く。たとえ他者が暑いと感じても、自分が寒いと感じるなら、自分が寒いのは疑いようのない事実なのだ。

現代でも、世の中の常識がおかしいと感じることは多々ある。その違和感に戸惑い、思考を停止して方向転換してしまうと、間違った事象に流されてしまうかもしれない。己の直観をすぐさま否定せず、自覚した上で検討し、結論を出すべきだ。

## パスカル

『パンセ』

パスカルは確率論などを唱えた数学者だが、神学的な考えを持っていた。本書はパスカルが断片的に残したものを、死後に編集して出版した遺稿集だ。

彼は「人間は神を信じたほうが得だ」と数学的な解をもって説くが、面白いことにその結論へと導いたのは「人間死刑囚論」だった。

人間は生まれながらにして、死刑を待つ死刑囚だ。次は彼、その次は彼女と、周りが死刑宣告されて呼ばれていくのを見守りながら生活している。しかし実際には死刑囚という自覚を持たず、ほとんどの人が死を考えずに生きている。

では人はどうやって生きているのか。パスカルは死への恐怖を考えないように気晴らしをするのが、人間の生き方だと説く。何もしないことは人生において退屈で、凄惨だ。だから私たちは暇つぶしのために、学び、遊び、恋愛に興じる。「何かをしたい」という目的意識よりは、行動する時間でいかに自分の気晴らしができるかということが重要なのだ。釣り人は魚を捕まえるために釣りをするのではなく、時間をつぶすために釣りに行くのだと述べた。それは自分たちが、死刑囚であることを感じなくてもいいようにする工夫でもある。本書を読了する頃には、あなたも仕事は人生における気晴らしの一つと捉え、一歩引いた目線で、冷めた目で見られるかもしれない。働くために生きるのでも、生きるために働くのでもなく、生きている実感を得るために働くのだ。

## ニーチェ
## 『道徳の系譜学』

お互いを助け合おうと説く道徳は、世間では良い規範とされているが、本当にそうなのかと問い直した本。題名にある「系譜」とは歴史学の一つで、家系図のように、物事の起源へと遡ることで物事の本質を捉えるものだ。ニーチェは道徳の起源が、卑しく酷いものだと暴露することで道徳の本質を解き明かし、その栄光を批判しようとした。

ニーチェの議論はこうだ。人間は二分すると、強い力を持つ人（強者）と、弱い力を持つ人（弱者）に分かれ、力関係では後者が負ける。すると敗者は、正々堂々と勝負せずに同じ弱者を集めて、勝者を別方向から引きずり下ろそうとする。例えば、学校で頭の良い人がいると周りから「塾に行っているから勉強ができる（自分たちは行っていないから差がついて当然だ）」と批判される。稚拙な諍いだが、似たようなことが職場で起こっていないだろうか。

本来、力同士で対抗するところ、力量の差から別の理由をつけて自分たちを正当化するのだ。これを「ルサンチマン（恨み）」と言う。同じことがキリスト教の成立においても起こったとニーチェは語る。つまり民衆の不満が高まったため、権力者を引きずり下ろし、キリストの前では、平民も権力者もみな平等とした。悪い言い方をすれば「困っている人を助けましょう」とは、弱者で傷のなめ合いをしましょうということだ。

未だ誰にも疑われずに理想の一環として説かれている道徳の虚偽性を暴いただけに、世間にはびこる常識に疑いの目を向けたくなるだろう。

## W. ジェイムズ
## 『プラグマティズム』

アメリカ哲学の代表、プラグマティズムは、日本では実用主義や道具主義といわれているものだ。哲学が深遠な知識や思想を考えるのに対して、プラグマティズムは、思想や考え方が実際どう行動化できるかを求める。これまで哲学の中でさげすまれてきたが、21世紀を迎える頃から再評価されてきた。

本書が問いかけているのは、何か理想を提示しても、具体的な結果に結びつけることができなければ、その思想に価値がないのではないか、ということだ。著者はプラグマティズムが求める、思想の具体的な効果を「現金価値」と言う。考えだけでは、何も変わることはない。例えば「愛は人を救う」と語ったとしても、「それで？　どうするの？」と問い返されて終わる。具体的な行動に落とし込まないと、思想は言葉として消費されるだけだ。物事を変える力があるからこそ、思想は重要なのではないか、と本書は問いかけている。日本では少なかった考え方だが、今後必要になっていくものだろう。

現代社会は複雑化しているからこそ、原理原則的な、一般的な言葉だけでは他者には響かない。思考して素晴らしい思想に到達して満足するのではなく、その先の影響力を予測し、実際の行動を読者に意識づけする本でもある。組織の経営理念やバリューが単なる飾りになっていないか、見直すときに読み返してみてはいかがだろうか。

## ウィトゲンシュタイン
## 『論理哲学論考』

『論理哲学論考』は20世紀初めに革命を起こし、現代哲学に重要な方向性を示したものと言われている。どこが革命だったかというと、哲学のすべての問題を100ページにも満たない少ない文章量で明確に説明したというところだ。

ウィトゲンシュタインの思考方法は、ツリー状になった章分けにも表われている。章は1、2、3、4と付番され、更に1－1、1－2…もしくは1－1－1と細分化されていく。各章のキーワードの根拠をいくつか見つけ、それぞれ枝葉に分けて掘り下げられているのだ。論旨の骨子を明確に分類し、再構成して表現すれば、飾り言葉をつけずとも、論理的に相手を説得することができると彼は説く。文章の構成から、元祖ロジカルシンキングと言える思考方法を学ぶことができる。論考の凝縮した、無駄のない体裁は、読む者に衝撃を与えずにおかない。

しかし本書で語られた問題は実は解決していない、と著者は後年になって考えた。そもそもこの思考法は数学的な理想形で突き止めたものであり、煩雑な現実では成立しえない。その齟齬を彼は、実際に起こった具体的な出来事を分析して、物事の理由を考えていくという方向転換を図ることで埋めている。ロジカルシンキングで理想形を追い求めた後に、個々に分析して掘り下げ、内容をブラッシュアップする。経済学にも通ずる思考方法だが、実務的な資料作成においても、本書は役に立つのではないかと思う。

## ホルクハイマー、アドルノ
## 『啓蒙の弁証法』

ユダヤ系のホルクハイマーとアドルノはドイツで活動していたが、ナチスの台頭と共にアメリカに亡命していた。本書は戦時中に書かれたもので、「啓蒙」の反転性について弁証法を用いて説いた。

一般に「啓蒙」というのは、人間が知力をもって未知な自然を解明し、迷信や神話から解放されることで、生き方を豊かにすることだと見なされている。とくに近代では、人々に科学的な知識を与えようと啓蒙活動が盛んになる。20世紀に入り、科学技術が発達して啓蒙も進展したが、同時に暴力に訴える反啓蒙的なナチスも誕生した。こうして、啓蒙は反啓蒙へと転じる。しかし厄介なのは、転化は外部からの働きかけによるものではなく、啓蒙自身が反啓蒙を孕むことにある。

啓蒙の反転現象は現代でも起きている。人類の英知を集めてつくられる、人間のように複雑な取捨選択ができる人工知能は、完成度が高くなるにつれ、本物の人間から労働を奪いかねないと危惧されている。

ここで問題視されているのが、同じ原理に基づいているものから反対のものが生まれたとき、人は気付くことができないという点だ。大事に育ててきた文化などの啓蒙が、反啓蒙になりうる。逆に漫画やアニメーションのように、ひと昔前まで反教育的とされてきたものが、日本を代表する文化へと転じることもある。見慣れた事象も、突き詰めれば全く新しいものに変化を遂げる可能性を内在しているのだ。

## ミシェル・フーコー
## 『監獄の誕生』

フーコーは19世紀の近代社会の成立を分析した上で、近代社会とは、少数者によって多数の人が監視されている社会だと語った。思い返せば、確かに学校も監獄も同じような監視体制下にある。この監視社会が続いているかどうかは解釈が分かれるだろう。しかし本書を読むと、現代は新しい監獄の誕生がありうる時代のように感じる。

私たちの生活に根付くインターネット。例えばSNSなど、ネットで形成される社会では、常に誰かに見られていると感じながら、自分で自分を監視しているのではないだろうか。反対に言えば、画面の向こうにある相手の気持ちを無視すれば、炎上して、まったく顔の知らない人々に罵倒されることもある。誰かに監視されていることを自分自身に内面化させることが、現代においての自戒につながる。

また気付くべき点はネットが現実とつながっており、監視は実生活にも及ぶ点だ。Google calendarなどのクラウド共有ツールが良い例だ。グループ内で情報、スケジュールを共有することで業務の効率化が図れる一方で、相互監視が成立する。

19世紀の監視社会が始まる数十年前には、王権の下、罪人は民衆の前で暴力的な形で処刑されていた。その事実を踏まえると、現代においても今とは別の形態の社会が生まれる可能性がある。自身を、歴史の中のパーツとして相対化させて世の流れを見極めるためにも、読んでおくべき一冊と言える。

## ジョン・R・サール
## 『MiNDマインド 心の哲学』

サールはアメリカ哲学界の重鎮であるが、現代において最も人気のある哲学分野「心の哲学」を本書で概説的に紹介している。心の哲学とは、心自体、心の働き、心が行動にどう影響を及ぼすのかを研究する学問で、伝統的に様々な形で問題にされてきた。ところが、20世紀後半に起こった認知科学の発達によって、今日俄然注目されるようになった。認知科学は、人間がどう世界を認知するかを分析解明するもので、心理学、言語学、人類学、神経科学など複数の学問と関わる学問であるため、なかなか全体を見通しづらい。認知科学を学ぶためにも、この一冊が足掛かりとなる。

なぜ認知科学が、哲学の方向性を変えるほど注目されているのか。それは人をモデルとする人工知能の出現による。人工知能のプログラミングは、人が行動時に何に反応して認知するかを解明しなければいけない。しかし、他方では、人間の心は「コンピュータ・プログラム」と同じように理解できるのかどうか、大いに問題だろう。サールが「中国語の部屋」という有名な思考実験を持ち出すのは、こうした文脈に基づいている。

本書では従来の伝統的な哲学と、サール的哲学思想の違い、そして現在認知科学で進められている研究との相違などを明らかにしている。人工知能やテック関連の人はこの本を読んでおくと、この分野の見通しが良くなるだろう。

## トマス・ネーゲル
## 『哲学ってどんなこと?』

著者ネーゲルは、前述のサールとほぼ同年代で、同じくアメリカの重鎮の哲学者だ。タイトルから推察できるように、初めて哲学書を読む人におすすめしたい一冊だ。なぜなら哲学者の名前が一切登場せずに、哲学的思考を事例と併せて紹介しているからだ。哲学的思考とは、私たちが生きている中で何気なく考えていることを「それって一体どんなこと?」と改めて考え直すことだ。

例えば次のようなことを疑問に感じたことはないだろうか。自分が見ている色と他人が見ている色は、果たして同じだろうか。私たちは普段言葉を使って話しているけれども、そもそも言葉を通じて理解するとはどういうことなのか、などだ。当たり前のように日常生活をこなしているが、実は本当かどうかも確かめず、素朴に受け入れている。ただしこの世の不思議のような事象だけでなく、学問らしく社会的な面にも踏み込む。例えば機会の平等が説かれているが、才能の違いは平等の尺度に考慮されないのだろうか。また人間の自由とは何か、人生に意味はあるのかなど。序論で「哲学とは人間の考え方を問うもので、人間が考え続けることで真理や物事の本質に近づこうとする学問だ」と伝えたが、実際に人が考え続けたり、そもそもの思考方法を見つけたりすることは難しいだろう。哲学的思考に慣れるためにも導入編として読んでみる価値のある一冊である。

## ハリー・G・フランクファート
## 『ウンコな議論』

ギョッと驚く表題の「ウンコな議論」とは「ひどい議論」の言い換えであり、これらが世の中に溢れていることを本書で問題提起している。共感を生んだのか、10年ほど前にアメリカで出版されて爆発的に売れた一冊だ。ひどい議論とは、論者がさも有識者であるように振る舞うが、掘り下げてみるとエビデンスが付随しておらず、内容が空疎なまま議論が進むことだ。前述の『ソクラテスの弁明』に登場した2400年前の無知な有力者たちが現代にも出現しているのだ。しかしそのような議論を正面から指摘、糾弾したところで、相手の怒りを買うだけで時間の無駄であり、何の価値もない。

本書ではウンコな議論の具体事例を挙げ、それらが本当はどういった議論なのか、どうなるべき議論なのかを分析している。現代はインターネットで検索をかければ情報が簡単に手に入り、根拠のない虚偽の情報を一次情報として摑む人も多い。近年、キュレーションメディアを撲滅する動きも出ているが、ネット情報を引用したウンコな議論は今後も起こりうるだろう。ではそれらに対応できる次の手とは何か。相手が出す情報を鵜呑みにせずに、提示した意図を読み取り、議論の方向性を予測することだ。更に相手の持ち掛けてきた議論をうまいこと利用しながら、自分にとって有用な方向に持って行くような逆転の発想も今後必要になるだろう。

## ユルゲン・ハーバーマス
## 『人間の将来とバイオエシックス』

本書では、ドイツ人社会哲学者のハーバーマスが自身にとっても珍しいテーマを取り上げている。バイオテクノロジーの発展に、哲学はどのようなスタンスを取るべきかを、彼なりの使命感をもって本書に記した。発刊当初ドイツではクローン羊や人の遺伝子情報を解析するヒトゲノム計画が完了していた。この科学的進歩は、生命の誕生に新しい可能性を与えており、それは人間の将来に大きな影響を及ぼし、方向づけることを示唆している。

著者自身はナチスの経験から、人間のDNA操作などに強い拒否反応を示しているが、本書の要点はそこではない。もともと社会改革派と見られてきた彼が、ここでは保守派に転じている。これまでの主義主張を転換させるほど、新しく提示された生命のあり方は、慎重に論じられなければいけない。

例えば出産前の遺伝子検査がある。出産前検診時に胎児の染色体、遺伝子の異常を知ることができる検査だが、あなたはそれを受けるだろうか。そして検査後、遺伝子に先天的異常が発見されたとしたら、あなたは母胎内で眠るわが子にどのような考えを抱くのだろうか。

科学的進歩は私たちの身近な暮らしまで入り込んできており、その恩恵か災厄がいつわが身に降りかかるか分からない。今はまだその出発地点にいるが、変化のスパンが短い時代において、覚悟を決めた方がいいかもしれない。

# 宗教
Religion

Picker #11

# 上田紀行

宗教者の持つ大きさや言葉や生き方にも
触れていないと、
四半期の業績を引き上げるぐらいの
短期的な成功で終わってしまうはずだ。

**Noriyuki Ueda**／1958年東京生まれ。東京大学大学院博士課程修了。文化人類学者、医学博士。東京工業大学教授。リベラルアーツ研究教育院長。1986年よりスリランカで「悪魔祓い」のフィールドワークを行い、その後「癒し」の観点を最も早くから提示し、生きる意味を見失った現代社会への提言を続けている。日本仏教の再生に向けての運動にも取り組み、2005年にはスタンフォード大学仏教学研究所フェローとして講義を行う。『覚醒のネットワーク』『生きる意味』『ダライ・ラマとの対話』など著書多数。

## 宗教的リテラシーがないことは、「言葉がしゃべれない」ことと等しい

リーダーにとって宗教の教養が求められるのには「外的な意味」と「内的な意味」がある。まず「外的な意味」としては、今の世界の中で、「宗教がどれだけ大きな役割を果たしているか」「どれだけ多くの人を支えているか」「どれだけ紛争の種になっているか」を考えれば、宗教的なリテラシーの重要性がわかるだろう。宗教的なリテラシーがないということは、ある種、「言葉がしゃべれない」「世界の国境がどこにあるのかわからない」ということに等しい。元素の周期表すらわからないまま物理学を学ぶようなものだ。

だからこそ、世界の力学を知るときに宗教は絶対に必要になる。多くの人たちは、世界は計測可能なお金や政治の票などで構成されていて、宗教は残余のもの、目に見えないものであると感じているかもしれないが、実は宗教というのは世界を支配している大きな力なのだ。

日本の中だけで生きていくかぎりにおいては、宗教の知識がなくてもやっていける気がするかもしれないが、日本でも宗教の知識は不可欠だ。「宗教は気持ち悪い、怖い」と言っているだけでは、宗教に関連する政治や時事の問題も論じられなくなってしまう。

## リーダーには自分の内にマグマを溜め込んでいるかが問われる

もう一つの「内的な意味」とは、リーダーとして、自分が何を支えにして、何を原動力にし

て生きていくかということだ。内的に自分を動かすものが何かを突き詰めた人間しか、基本的にリーダーにはなれない。その部分において、日本のリーダーは弱いところがある。周りの空気を読みながら、他人が決めた指標の中でいかに評価されるかを考える、他動的、他律的なリーダーが結構多い。人間としての信念を欠いていて、弱さを感じさせる人が少なくない。ある意味、調整型のリーダーとして才能があると言えなくもないが、自分をドライブしている根本的なものへの訴求のない人は、どこか浅くて頼りない人に見えてしまう。

一般的に、リーダーというと、他の人をリードする人だと思われているが、最も重要なのは、自分自身のリーダーであることだ。自分自身すらリードできず、株主の反応ばかりを気にしているような経営者は、交換可能な存在なので、すぐに首をすげ替えられてしまうだろう。

一方、松下幸之助や本田宗一郎といったリーダーは、ある意味の宗教性を感じさせる。松下幸之助は水道哲学で有名だし、本田宗一郎も技術に対する確固とした信念を持っていた。自分を支えるものが、自分の中から湧いているし、それが世界の深いところへとつながっている。自分の自己実現が世界の幸福であるとか、何かしらの大きな世界の基層みたいなものとつながっているリーダーでないと、周りの人間が動かない。単に人の上に立つのがリーダーなのではなく、リーダーは活火山のようなものであり、その下側にどれだけ深いマグマがあるか、ある種の深みがあるかをリーダーは問われるのだ。

そのエネルギーの源泉は何かというと、世界の多くの人たちは宗教から得ているケースが多い。宗教とあまり関係がないと思っている日本人でも、自分の宗教性に触れ合っていくことが、リーダーとしてその人が立つときに必須だと思う。みなが京セラの稲盛和夫氏のように宗教心を前面に出す必要はないが、宗教心を突き詰めていくことが大きなきっかけになるはずだ。自分の深いところに到達するためのアートや技術として、宗教が果たす役割はとても大きい。

## ビジネス書としての宗教書

「どういうふうに成功するか」を記したビジネス書ばかりを読んだとしても、あるところまでは成功するとは思う。しかし、宗教者の持つ突き抜けた大きさや言葉や生き方にも触れていないと、四半期の業績を引き上げるぐらいの短期的な成功で終わってしまうはずだ。

私自身、1989年に『覚醒のネットワーク』という処女作を出版したが、当時、ある人からは「宗教の真髄を書いたね」と言われると同時に「ビジネス書を出したね」とも言われた。

この本の中で私は、「閉じた自分、殻にこもった自分のままでは、自分自身も幸福にならないし、世界も絶対に幸福にならず、むしろいろいろな争いが起こってしまう」と説いた。

なぜなら、殻をかぶった自分は、自分と他者を比較することしかできないからだ。自分の中から湧き上がってくる実感とか、何かをやりたいという命からのエネルギーに蓋をしてしまっているので、常に「他者に比べて自分の順位はどこにあるか」ばかり考えてしまう。そして、他者との比較しかできないと、「私が幸せになるには、私より不幸せな人がいないといけない」という考え方になってしまう。「幸せになろう」と思えば思うほど、他の人より順位を上げて、不幸な人を見下げることによってしか、幸せを感じることができなくなってしまうのだ。

そういう人は、絶対にリーダーにはなれない。そうした人は、何かに躓くと、他人のせいにして、「あいつのせいでこうなった」と言い訳する人間になってしまう。世界を不幸にしてしまうのだ。『覚醒のネットワーク』ではそのことを明確に書くとともに、自分の殻を破り、目覚めた人たちが世界を動かしていくというビジョンを書いた。

この本がビジネス書だと言われたのは、まさに日本のビジネスパーソンが、会社の中での順位や、会社の業界での順位ばかりを考えていたからだ。だからこそ、当時のベストセラーになった。

それから28年経ったが、「閉じられた個」の構造は変わっておらず、むしろひどくなっているようにも思える。日本のビジネスパーソンはまだまだ開かれていない。

自分が自分のことを信頼できて、自分を愛せる。そして、他者を不幸にしたり、あいつより年収がいくら上がったと競るのではなく、自分の命が活性化して、それが世界の幸福につながることを考える。そうしたリーダーを今後の日本は生み出していかないといけない。

そのためにも、リーダーになる人には、日本的な神仏習合的な宗教とともに、キリスト教やイスラム教といった一神教的な宗教の世界をしっかり学んでほしい。それによって、リーダーを目指すビジネスパーソンも何らかの〝目覚め〟を得られるはずだ。

## 島薗進
## 『宗教ってなんだろう?』

そもそも、日本人の宗教的リテラシーはすごく低い。日本人は、初詣に行ったり、お守りを持ったり、宗教的なものを持っているのにもかかわらず、宗教を持っていると言語化していない。自らの宗教性に気付いていない。だから、そのあたりの自己認識から始めるためにも、教養として宗教を学ぶ必要がある。

宗教を深く知るには、実際に体験して、自分の中の宗教心に気付かないといけないが、書籍からも学べることは多くある。

宗教に詳しくない人のための10冊を選ぶのは難しいが、総論としてまず薦めるのが、本書だ。この本は、中学生向けとされているが、とてもよくできている。編集者が基本的な質問をして、著者がそれに答えるという構成になっていて、大変読みやすい。「宗教とはそもそも何か」「なぜ宗教は人を救いながら、争いをもたらすのか」といったことを易しい言葉で書いているので、宗教とは何かを知りたい人はまず読んでみるべきだ。あっと言う間に読めるが、内容は深い。

「宗教って気持ち悪い」「信じている人の気がしれない」と言うだけで、宗教について語る言葉を持っていない人も、本書を通じて「宗教にはこんな側面がある」と気付かされるだろう。入門書としてこの本を読むと、いろんな宗教のことをより深く知りたくなるはずだ。

## 阿満利麿
## 『日本人はなぜ無宗教なのか』

日本人は自らを無宗教だと言う人が多いが、法事や葬式ではお坊さんがやってくるし、学生に「目の前で神社のお守りをハサミで切り刻めるか」と聞くと、「先生、そんなことしたらバチが当たります」と言う。この著作は、なぜ日本人は宗教的な行為をしているのに無宗教だと言うのかをテーマにしている。

本書は、宗教を「創唱宗教」と「自然宗教」の二つに分けている。前者は、誰か特定の教組によって始まった宗教であり、後者は自然に発生した宗教だ。イスラム教、キリスト教は明らかに「創唱宗教」だ。仏教もお釈迦様がいるので「創唱宗教」だったが、日本では、平安時代あたりから、神様と仏様が共存する状況になった。つまり、神仏習合によって、仏教が「自然宗教」化したところに、日本の宗教の原点がある。

日本人の宗教性は「自然宗教」に足場を置いている。自然発生的なので、日本人はあまり宗教と思っていない。だからこその八百万《やおよろず》の神であり、大木でも富士山でも拝んでしまう。一神教の「創唱宗教」のように「偉大な超越神を信ずるか否か」といったところがない。イスラム教もキリスト教も大きな文明を築いたが、富の集積と一神教とはダブるところがある。一方、日本の場合は、歴史的に強権的な政権はほとんど樹立されていない。そういう意味でも日本は面白い国であり、本書は日本人を見つめ直すいい本と言える。

## 末木文美士
## 『日本宗教史』

宗教史を学ぶにはこの本がいい。この本は一見教科書的に見えるが、スリリングな内容に仕上がっている。宗教史の本を読む上で大切なのは、今の日本社会の宗教性を考える上で、宗教史を読み解くとどういう視座が得られるか、という観点からアプローチすることだ。

一般的に宗教史と言えば、最初に「神々の国日本」という切り口で『古事記』と『日本書紀』を紹介して、そこに仏教が入ってきたという書き方をする。しかし本書は、「神々の国」という見方自体が、神仏習合してからの日本人の宗教意識が生み出したものだと主張している。その意味で革新的な本だ。

日本では、日本の古層は「神々の国だ」という流れと、民衆の中にある「何でも神様」という流れが引っ張り合っている。

近代の政治家たちは「神国日本」といったように、神道を持ち出して自らをオーソライズしようとする。一方、民衆は、神仏習合に沿った「八百万の神」的なメンタリティーを持っている。その二つが常に混在しているのが日本の宗教の歴史と言える。例えば、江戸後期から太平洋戦争前にいたる、「神道こそが日本の始まりだ」といった思想は、後世が創り上げた一つの説であり、それは歴史的事実であるというよりも一つのイデオロギーであったことがよく分かる。

## 鈴木大拙
## 『日本的霊性』

鈴木大拙は、20世紀の日本が生み出した、最も有名な宗教者であり、宗教の解説者だ。日本の宗教、とくに仏教を欧米で語った。英語が堪能で米国でも多数の講演を行い、とても尊敬されていた。

本書は1944年の終戦直前に書かれたものであり、批判的精神にあふれている。当時の日本が、「神国日本」という日本的「精神」ばかりを語っていることに対して、「それは本来の日本のあり方とは違う」と問題提起している。

彼が日本的霊性として着目するのが、禅と浄土真宗の親鸞である。この二つに日本的霊性の基盤を見るということは、彼の考える日本的霊性の原点は鎌倉時代ということになる。禅はある種、現象学的であり、世の中にあるものの実在性を超えて、すべての〝とらわれ〟を解体していく。親鸞は、阿弥陀様がいて、どんな悪人でも念仏を唱えれば救われるという考え方だ。その二つによって日本人は初めて自己の救いに向き合ったというのだ。

鈴木が本書で注目しているのは、日本人の持つある種の楽天性だ。日本人は「自分は必ず救われる」といった〝豊かな適当さ〟を持っているのに、近代日本では国家のために死ぬことが賛美される。それは会社で過労死するメンタリティーにも通じていくものだが、しかし、そうした自己認識は明治時代以来のものであって、実は「日本的ではない」のではないか、と鈴木は問うている。

## 丸山真男

### 『日本の思想』

一神教のキリスト教的な世界と異なる、日本的な社会と意識の構造を考えるときに、この本が参考になる。とくに、『「である」ことと「する」こと』と題した章が有名だ。「である」こととは自分のいる場所のことであり、日本人にとっては、自分の所属が圧倒的に重要になる。

日本における資本主義も、閉じた村の中での順位決めのようだ。東大に入ることはそこで何をやるか以上に「東大生である」という所属の獲得だ。内側から湧き上がる「これをやりたい！」はあまり語られない。就職も「どの企業に入るか」に意識が集中する。それぐらい日本人は「する」ことへの意識が低い。

「する」ことが優越している社会では、縦のラインが強くなる。自分を目立たせるために必死になる。一方、日本では、横のラインを常に気にする。例えば、日本人女性のお化粧は「面を作る」。みんなの中で突出しないように気を使う。一方、同じ日本人でも日系アメリカ人は、シャドーを入れて目立たせて、集団の中で「できる」自分をアピールしようとする。

今後も日本では一神教的な自己主張型の人が多数派になることはないだろう。しかし、日本の多様性を増すためにも、自己主張型の人材も必要になってくる。だからこそ、日本でリーダーになる人は、自己主張型と、横並び型の両方の型を身につけることが重要になるのだ。

## 鈴木崇巨
## 『1年で聖書を読破する。』

世界にはキリスト教国が多いので、リーダーにとって、キリスト教の知識は不可欠だ。キリスト教の考え方は、近代科学、産業革命、資本主義の土台になっており、西洋の芸術を理解するためにもキリスト教を知らなければならない。

ただし、聖書を読み通すのは大変だ。とくに旧約聖書は、冒頭のアダムとイブの話はまだいいが、途中からいろんな登場人物が次から次へと出てきて、わけがわからなくなってくる。そうして途中で断念してしまう人が多い。

そこで私が薦めるのは、この本だ。著者はプロテスタントの牧師だが、章の流れがよくできている。まず、人間臭くて面白い、新約のマタイの福音書とヨハネの福音書を読んで、それから旧約聖書に移る。解説がすごくよくできていて、聖書とはどういうものか、聖書成立の過程を丁寧に説明してくれる。

さらに、預言書を読むためには、イスラエルが南北に分裂していた頃の世界情勢を知る必要があるが、当時の世界情勢についても解説してくれている。キリスト教とはどんな宗教なのかを知り、歴史も学べる。聖書と縁の薄い人でも、この本を読めばかなり理解を深めることができる。

聖書に関しては、重いので持ち歩くのが大変だし、小型版は文字が小さくて読むのがいやになってしまう。最近は、著作権が切れた口語訳聖書の日本聖書協会版がキンドルストアで安く買えるので、そちらを薦める。

## マックス・ウェーバー
## 『プロテスタンティズムの倫理と資本主義の精神』

リーダーになる人は、「なぜキリスト教社会が資本主義を生み出したのか」について、本書を通じて知っておいた方がいい。

これは有名な本だが、書かれているのはショッキングな内容だ。一見、資本主義は反宗教的に見える。多くの人は、宗教みたいな古臭いものから抜け出して、近代的な資本主義が生まれたと思っている。

しかし実は、資本主義の根本には、職業を得て、禁欲的に働いて、お金を貯めていくことが、神様の意思を先取りしていると考えるプロテスタントの信仰が息づいているのだ。ドイツ語のベルーフ（職業）という言葉は「召命」という意味だ。つまり天命としての職業なのだ。禁欲的な倫理を持つ真面目な人たちの宗教的な利他行動が、資本主義をもたらす原動力になるのがとても面白い。

当然、日本人にとっての資本主義とは何かを考えてしまうが、日本の近代資本主義は、もちろん欧米からの導入で、宗教性に支えられたものではない。

だから、何かで裏打ちしないと、日本の資本主義はとてつもなく利己的なものになるおそれがある。金儲けと折り合う倫理性を持てるかが今後の大きなテーマになるだろう。渋沢栄一のように、自分の持っているものを抱え込まずに寄付していく生き方は、日本人としての利他的精神の発露であり、一つのモデルとなるだろう。

## ジョルジュ・バタイユ
## 『宗教の理論』

　ここからの三冊は、宗教の実践のための本だ。バタイユは20世紀の初頭から半ばの人物であり、エロティシズムの研究をすると同時に、経済学者、宗教家としても活動した。バタイユはとてつもなくラディカルでキケンな人物だ。

　バタイユの宗教の理論は面白くて、社会を秩序化したり、倫理がどう発生したりするかよりも、ある種の宗教的な快楽に目を向けている。彼は、清く正しく生きましょう、といった倫理的な考えよりも、人間は、どのような瞬間に、「生きてきてよかった」と深く感動するかに着目している。

　人間は、聖と俗の両方を持っており、俗なる世間でこつこつ貯めたお金を一気に消費したりするときや、社会的なタブーを破ったときに、ものすごい快感と高揚感を得られる。エクスタシーがないと宗教ではないし、タブーは破るときの快楽のためにあるというのが彼の立場だ。

　例えば、お祭りで神輿をかついだり、後先考えずに酒を飲んだりすると、ものすごい快感が吹き上がる。そうしたハレの空間や体験がないと、人間は生きている実感が得られずに枯れてしまう。

　リーダーになる人は、やたらと部下をノルマで締め上げたりしてはいけない。リーダーは、他のメンバーに対して、生きていて楽しいというエクスタシーや自己肯定感を与えないといけないのだ。もちろん自分自身にも！

## ダライ・ラマ14世
『思いやり』

ダライ・ラマは、今、世界で一番有名な東洋人だ。私も対談をしたことがあるが、とてつもなく頭のいい飛び抜けた方で、西洋で講演をすると、すぐに何千人も集まるほど人気がある。

彼の本は多く出ているので一冊を選ぶのは難しいが、この本が一番いいと思う。というのも、本書は、2005年にダライ・ラマが来日し、講演したときの質疑応答が収録されており、日本人がダライ・ラマに質問をする構成になっているからだ。

ダライ・ラマは、20世紀から21世紀を代表する仏教者であり宗教者でもある。

徹底的に思いやりと慈悲を説くところが彼の素晴らしいところだ。例えば、「私は人間の持っている知性と他者への優しさと思いやりこそが、もっとも大切な人間の価値だと思います」と書いている。その言葉自体は、普通と言えば普通の内容だが、しかしこういう言葉にときどき触れることが重要だと思う。他に、色即是空の空とは何なのかも分かりやすく説明されている。薄くてすぐ読めるが、含蓄の深い本だ。

本書を通じて、ダライ・ラマという宗教的リーダーを生み出すチベットという国の深さも感じることができる。日本も今こそ、1930年代、1940年代の鈴木大拙のような宗教性の高いリーダーを輩出すべきだと思う。

## 小池龍之介
## 『煩悩リセット稽古帖』

小池龍之介さんは若いお坊さんだが、彼がベストセラー作家になれたのにはいわれがある。「とらわれない」ということに関して、仏教に馴染みの薄い人にとっても、分かりやすく書いている。本書には、4コマ漫画も入っており、とても読みやすい。

小池さんの特徴は、「何かを頑張りましょう」と言うのではなく、「あなたは何かにとらわれていませんか」と解体していくところだ。お説教臭くなく、〝抜いて〟書けるのは、小池さんの一つの才能だ。「苦しい」「追いつめられた」と思ったときに読むに値する本と言える。

ダライ・ラマの本が、私の中にも慈悲や人への思いやり、世界を良くしていく力があるのだと気付いて、自分の中の泉を湧き出させていくものであるのに対し、小池さんの本は、あなたは何かにとらわれてしまっているから、不幸になってしまっているのだよ、と説いていく。

そもそも仏教には「自分と世界の思いやり（慈悲心）を実感し、世界を良くしていきましょう」という面と、「あなたの中のとらわれ（執着）がいけないので、どんどん手放していきなさい」という面がある。どちらも大切だが、そのうちの後者がこの本。現代の若手の仏教者が生み出した、時代にフィットする作品と言えるだろう。

# おわりに 「日本3・0」の時代を生き抜くために

今の日本は、空前の「教養ブーム」だ。しかし、教養という言葉は未だフワッとしており、その内実が何を意味するのかは定まっていない。うんちくを語るための「教養」という色彩が強く、教養を身につけるためのメソッドが体系化されていない状況と言える。

このままでは、教養ブームが単なる「物知り競争」に終わってしまう――そんな危機感を抱いたことが、本書を発案したきっかけだ。

この『リーダーの教養書』は、ＮｅｗｓＰｉｃｋｓ（ニューズピックス）と幻冬舎のコラボで始めた「ＮｅｗｓＰｉｃｋｓ Ｂｏｏｋ」シリーズの処女作となる。

本シリーズの一つのポリシーは、普遍と最先端を両立させることだ。とくに両者の融合は、ビジネスの世界において大事になる。

なぜなら、ビジネスの世界にいると、「新しいもの病」にかかってしまうからだ。

私のようなメディア関係者が典型だが、ついつい新しい言葉や概念にばかり飛びついてしまう人は数多い。しかし、いかにテクノロジーが発展しようとも、ビジネスや生活を営んでいるのはあくまで人間だ。人間の本質は今も昔も変わらない。むしろ、貧乏、戦争、病気などの労苦があふれていた過去の方が、人間の本質がむき出しになることが多かっただろう。過去の知恵から学べることは今も無数にあるのだ。

そのため本シリーズでは「リーダーの教養」をコンセプトとし、各分野の専門家や教養人の知恵を借りながら、リーダーたちが持つべき教養をパッケージ化する。

今後も毎月、時代を超えた普遍を有する知恵と、時代性のある知恵を提供していくつもりだ。時代の最先端を行きながら、今を否定するのではなく、過去や海外からもヒントを導き出していきたい。

## 「頭の中のOS」を切り替えよ

そして今回、ＮｅｗｓＰｉｃｋｓと幻冬舎は、この本の発売と合わせて、「ニューズピックスアカデミア」という新しい取り組みをスタートした。

これは一言で説明すると、「本と学びがセットになった５０００円の会員プラン」だ。

本を本だけで楽しむのもいいが、本を基点として、より多くの人とつながったり、知の化学反応が起きたりすればさらに面白くなる。本を切り口としながらも、本だけで終わらずに、実際にリアルの場で学び、語り合うことによって、本がより進化していく。

今後の本とは、ある意味の教科書、バイブルとして、人をつなぐ媒介になるのだ。本を基点として、対話や出会いが生まれ、本に書かれていた以上のアイディアや考えが生まれてくる。

そんなイメージをこのシリーズに抱いている。

もう一つ、アカデミアを企画した背景には、日本における社会人向け教育の貧困さがある。リンダ・グラットンが著書の『ライフ・シフト』で指摘しているように、今後は、人生100年時代が到来し、80歳まで働く時代がくる。80歳まで働くというのは、80歳まで勉強することとイコールだ。絶え間なく自らをバージョンアップしていかないと、食いっぱぐれてしまう。

まずやるべきことは、新しい時代に合わせて、「頭の中のOS」を切り替えていくことだ（「頭の中のOS」という表現は、編集者の菅付雅信氏によるものだ）。「頭の中のOS」を形づくるのが教養である。だからこそ、具体的なスキル（アプリ）をダウンロードするより前に、まずOSである教養を積み重ねないといけないのだ。

しかし日本では、18歳まで受験まっしぐらで勉強した後、「頭の中のOS」を切り替えるための時間や場がない。そのため、18歳のままのOSで一生を過ごすことを余儀なくされている。今後のイメージとしては、10年に一回、長くとも20年に一回は、OSを切り替えることが必須になるだろう。しかし、そうしたOSを切り替えるための、体系的なプログラムや書籍のシリーズが日本にはない。

そうであるならば、自分たちでそれを創ってみようということで、今回、「ニューズピックスアカデミア」を立ち上げることになった。

まずは、書籍と数回のシリーズからなる講義やイベントが中心になるが、今後、より一層パワーアップしていく予定だ。

まだ詳細は明かせないが、イベントの生中継、大学のゼミのような講義シリーズ、オンライン上で議論できるプラットフォームの提供など、アイディアはどんどん広がっていく。

教養を積むために大事なのは、何よりも継続だ。

だからこそ、あえて「ＮｅｗｓＰｉｃｋｓ　Ｂｏｏｋ」は、本を書店のみで売るのではなく、「ニューズピックスアカデミア」の会員には定期購読という形で直接送付する方式にしている。

定期購読にするからには、毎回の本をバラバラにつくるのではなく、一年間、12冊そろったときには、体系的な知を得られるような構成にしたいと思っている。

## 挑戦者が集う場所へ

今回の企画のロールモデルは、福澤諭吉である。彼が一万円札の肖像になるほど尊敬されているのは、慶應義塾大学をつくったことだけが理由ではない。福澤諭吉の三大事業には、あと二つある。時事新報という当時ナンバー1になったメディアを立ち上げたこと、そして、今も銀座に存在する交詢社という社交クラブを立ち上げたことだ。

彼は、慶應を通じて、若者たちに新しい「ＯＳ」を与えると同時に、時事新報を通じて、社会人たちに対して最先端の情報を提供していった。かつ、交詢社という政官財が出会う社交場をつくることで、多くの「融合」を生み出した。

実際、多くのベンチャービジネスがここから巣立っていった。つまり、福澤諭吉とは、明治日本という時代をつくった名プロデューサーなのである。

今、日本は新しい時代の夜明け前である。

私は、明治時代から敗戦までの日本を「日本1・0」、敗戦から今日までの日本を「日本2・0」と定義しているが、この「日本2・0」の時代がいよいよ終局に差し掛かっている。

私は、2020年前後には、「日本3・0」の時代が始まるのではないかと予測している（詳細は、拙著『日本3・0　2020年の人生戦略』〈幻冬舎〉に記している）。

そうした新時代をつくるためのハブとして、ぜひアカデミアを育てたい。そんな思いを抱きながら、ニューズピックス、幻冬舎でメンバーを構成し、アカデミアを企画した。

アカデミアは単なる社交場でも、講義シリーズでも、書籍企画でもない。

それは、新しい時代を生み出す人たちが集う、開かれた大学のようなものだ。

年齢も専門も性別も国籍も関係ない。知的好奇心が強く、新しい時代をつくる意欲に燃えた人間が、自ら挑戦者となるとともに、他の挑戦者を全力で応援していく。そんな場をつくれれば幸せに思う。

佐々木紀彦

# リーダーの教養書

2017年4月25日　第1刷発行

著者
出口治明　楠木建　大竹文雄
岡島悦子　猪瀬直樹　長谷川眞理子
中島聡　森田真生　大室正志
岡本裕一朗　上田紀行

発行者
見城 徹

発行所
株式会社 幻冬舎
〒151-0051 東京都渋谷区千駄ヶ谷4-9-7
電話　03(5411)6211 [編集]
　　　03(5411)6222 [営業]
振替　00120-8-767643

印刷・製本所
中央精版印刷株式会社

検印廃止

万一、落丁乱丁のある場合は送料小社負担でお取替致します。小社宛にお送り下さい。本書の一部あるいは全部を無断で複写複製することは、法律で認められた場合を除き、著作権の侵害となります。定価はカバーに表示してあります。

©HARUAKI DEGUCHI, KEN KUSUNOKI,
FUMIO OTAKE, ETSUKO OKAJIMA, NAOKI INOSE,
MARIKO HASEGAWA, SATOSHI NAKAJIMA
MASAO MORITA, MASASHI OMURO
YUICHIRO OKAMOTO, NORIYUKI UEDA,
GENTOSHA 2017

Printed in Japan
ISBN978-4-344-03107-4　C0095
幻冬舎ホームページアドレス
http://www.gentosha.co.jp/

この本に関するご意見・ご感想をメールで
お寄せいただく場合は、
comment@gentosha.co.jpまで。